人才测评使用手册

许锋 —— 著

清华大学出版社
北京

内容简介

本书以故事的形式，通俗易懂地讲述人才测评的本质；本书编写过程中加入的大量实际案例和可操作性的工具方法，指导读者快速掌握人才测评的实操能力；本书融合了许锋博士十多年人才管理的丰富经历，打通人才测评在人才管理多个领域的应用，是一本难得的人才管理实战书。

本书封面贴有清华大学出版社防伪标签，无标签者不得销售。
版权所有，侵权必究。举报：010-62782989，beiqinquan@tup.tsinghua.edu.cn。

图书在版编目（CIP）数据

人才测评使用手册/许锋著. -- 北京：清华大学出版社, 2021.10
 ISBN 978-7-302-58908-2

Ⅰ.①人… Ⅱ.①许… Ⅲ.①人才测评—手册 Ⅳ.①C962-62

中国版本图书馆 CIP 数据核字 (2021) 第 171192 号

责任编辑：张立红
封面设计：蔡小波
版式设计：程海林
责任校对：赵伟玉
责任印制：宋　林

出版发行：清华大学出版社
　　网　　址：http://www.tup.com.cn，http://www.wqbook.com
　　地　　址：北京清华大学学研大厦 A 座　　邮　编：100084
　　社 总 机：010-62770175　　邮　购：010-62786544
　　投稿与读者服务：010-62776969, c-service@tup.tsinghua.edu.cn
　　质 量 反 馈：010-62772015, zhiliang@tup.tsinghua.edu.cn
印 装 者：三河市科茂嘉荣印务有限公司
经　　销：全国新华书店
开　　本：160mm×230mm　　印　张：16.5　　字　数：201 千字
版　　次：2021 年 10 月第 1 版　　印　次：2021 年 10 月第 1 次印刷
定　　价：69.00 元

产品编号：093721-01

人才和企业,就是"种子"和"土壤"的关系。
企业好比土壤,什么样的土质都有,
什么样的土质就会适合什么样的种子。
不同的种子在不同的土壤中长出来效果是不一样的。
可能园丁花了很多时间浇水、施肥,但品种和土壤不匹配,
再好的条件也开不出鲜艳的花朵,长不出参天的大树。
测评就是企业选"种子"的过程。

自序

人才测评是什么？

第一次正式接触人才测评是我 1995 年应聘宝洁公司管理培训生的时候，整个应聘的过程对于一个即将走出校园、踏入社会的学生来讲是既紧张又兴奋。从填写申请表开始，经过笔试、一面、二面，直至最后飞到广州参加终面，时间跨度有一个多月。这一段求职面试经历以及我加入宝洁公司后的工作经历，对我的职业素养的锤炼起了非常大的作用。可以说，我在职业上的发展以及专业上的成长都和我职业生涯早期在宝洁的经历密切相关。

20 多年过去了，我从甲方企业到了乙方，后来又创立了倍智人才。过去的 25 年，我从一个企业的 HR 转型为一个 HR 的专家顾问，同时我也见证了中国企业人才管理从表象重视到实质重视的转变。人力资源成为企业家们真正关心的核心问题，对人力资源管理、对关键人才的投入都是实质性的。

虽然投入是加大了，但问题依然存在。在我同企业家和 HR 们的交流过程中，发现企业经常碰到的人才管理问题有：

- 外表光鲜的空降兵什么都好，就是结果不太好；
- 老员工忠诚度高，但能力不足，该不该提拔；
- 给了钱，为什么员工流失率还这么高；
- 网络招聘效果不佳，简历造假，如何识别，如何提高招聘有效性；
- 校园招聘海选，网申反正不要钱，投简历的多，满意签约的少等问题。

可以说，这些问题，都和选好人、选对人有直接关系。如何能够选好、选对人才，这就需要用好人才测评工具。若干年前，管理者第一次接触人才测评的时候都有这样或者哪样的顾虑：这种方式准吗？和算命差不多吧？是不是还要看看面相或者生辰八字什么的？客观地讲，经过这些年的教育和努力，人才测评这个概念和其在人才管理上的价值，已经得到越来越多企业的认同。我现在再面对客户的时候，我们的讨论已经不是要不要使用人才测评工具，而是如何更好地使用人才测评工具。

2021年的1月，我接到一家央企总部的组织部门的电话，要求我们在10天里，应用人才测评的工具和手段，帮助他们从全集团范围内选出其二级公司新的班子成员，就是二级公司里从总经理到副总经理的1正4副的全部重要岗位成员。这个要求是响应国务院国资委市场化聘任干部的落地要求。时间紧，任务重，我带着我的项目团队，从任职资格审查、履历筛选、笔试、心理测评、面试、答辩、公示等环节，基于岗位的要求全部重新设计并落地实施。最后的结果得到董事会和组织部门的高度认可！

从这个案例可以看出，人才测评的应用在今天的中国企业里已经得到了广泛的认可。而类似这样的案例和场景，以前可能只是在外资企业、少数龙头企业发生，而现在，如果企业的人力资源从业者或者领导人，还不知道如何选好人、如何选对人，那么在日后的人才竞争中一定也会落后。

我常常用一个比喻来形容人才和企业的关系，就是"种子"和"土壤"的关系。企业好比土壤，什么样土质的都有，什么样的土质就会适合什么样的种子。不同的种子在不同的土壤中长出来效果是不一样的，可能园丁花了很多时间浇水、施肥，但品种和土壤不匹配，再好的条件也开不出鲜艳的花朵，长不出参天的大树。人才测评就是企业选"种子"的过程。

坦率地讲，在实践中，企业在后期培育"种子"上的投入，包括时间、精力、金钱依然比在选"种子"上的投入要大得多。这个其实就是大部分企业人才管理问题的根源所在，是本末倒置。

如何选好、选对"种子"，多快好省，这是每一个企业家和人力资源总监都关心的问题。这也是我和我的团队编写本书的初衷。我们希望，本书提供的一些思路、理念、工具、方法能够为企业开展人才测评的工作提供借鉴，能够提高企业"选才"的效能，能够实际指导相关工作的落地，从而最大化企业的产出。

本书以企业需要解决的与选"种子"相关的六大问题为主线，以我和我的团队服务过的企业为原型，系统地阐述了应对每一类问题的核心解决方案。这六大问题包括：

- 一线员工的高流失率问题；
- 校园招聘海选效能改善的问题；
- 通过测训一体化解决管理人员培养的问题；
- 空降高管猎聘落地的问题；
- 社会招聘成功率低的问题；
- 自建测评中心如何落地的问题。

当然，完全依靠我和我的团队的力量，是不能够完成这本著作的。本书从酝酿到成稿，我和我的团队花了大量的时间和客户进行讨论，询问他们希望看到一本什么样的书，希望了解的人才测评是什么，希望这本书能够帮助到企业什么。

与市面上其他关于人才测评的书不一样的是，我们自始至终强调必须从企业面临的实际问题出发，而非仅仅从心理学的理论出发；以解决问题的结果为导向，而非以过程为导向。

谨以此书献给所有致力于将人才测评技术普及化的朋友！

许　锋

2021年9月于广州

为什么要看这本书

找工作、晋升转岗、开公司招兵买马……在一生中很多关键时刻,都有测评出现。我们有时扮演受测者,有时扮演测评师。作为受测者时,我们都希望自己的价值能够充分展现,不被低估;作为测评师,我们希望自己对"人才"不要看走了眼。

本书不仅是写给 HR 看的测评工具、原理参考书,也希望非 HR 的朋友们跟随本书情节的开展,看到人才测评各种可能面临的挑战和问题,窥见人才测评的"秘密 × 档案",从而善用测评工具,使自己测人时眼光更加精准,被测时价值不被低估。

个人收益

- 从很多面"忠诚的镜子"中看到自己不曾发现的长处和待发展空间;
- 对长远职业生涯规划做自我评估和自我盘点;

- 学习一整套现代的辨人、识人方法；
- 走向专业的测评师之路；
- 学习欣赏他人的优点而非不足；
- 学习如何与他人合作、共赢；
- 学习自检自身存在的优势及不足。

公司/组织收益

- 精心设计的评价中心，是组织向员工释放的一个积极信号——我们把人才当作首要资源；
- 一面预测未来工作绩效的镜子，参与者可以真的"看见"组织；
- 面试时"看见"组织的人、行为要求、价值观、文化；
- 评价过程也是受测者对雇主组织文化和未来工作快速全面理解的过程，如体验过程中不匹配，受测者可选择退出，避免后期离职带来的风险；
- 内外部受测者一起比较，客观公平；
- 直线经理做评委，从评价中心的学员争论中获得日常工作的反思；
- 知晓并运用现代辨人识人工具盘点队伍稳定性和人才的 JIT（Just In Time，准时生产方式）需求；
- 知晓并运用现代辨人识人工具发展队伍，帮部门和组织发现未来领导者。

目录

引　子

01 一线员工流失率高，如何寻找合适的种子？

第一节　招人难，留人更难 /7

第二节　加薪是否定能稳固人心？ /9
薪酬还是价值观？ /9
为什么价值观匹配可以降低流失率？ /12

第三节　从优秀到合适 /18
由离职原因到访谈提纲 /18
访谈中的新发现——员工离职新模型 /21
降低员工流失率的治标治本之道 /29

02 应届生海选，提升校园招聘有效性

第一节 校招声势浩大但收效甚微 / 42
宣讲会不是广告会 / 42
如何提高签约率？ / 43

第二节 借助测评倍增签约率 / 45
YM 集团公开招标 / 45
快速高效，精准定位 / 48
倍增签约率，人才测评成功助力校园招聘 / 56

03 正确应用 360，从绩效评估到能力发展

第一节 水土不服的 360 / 66
更新绩效评估体系——新增 360 评估 / 66
怨声载道的绩效考核结果 / 68
YM 集团的问题出在哪儿？ / 69
原来 360 不能这么用 / 70

第二节 360 反馈助力角色转变 / 73
待发展的高潜人才 / 73
如何正确使用 360？ / 75
发展 = 补差？ / 81
破除疑虑的 360 反馈宣讲会 / 84
项目实施，持续反馈，持续发展 / 90

区域负责人的致谢函 / 91

"管理灯塔"——管理人员指路明灯 / 92

重启 360 评估 / 98

第三节　360 还可以怎么用？ / 101

360 还可以这样用 / 101

360 强化跨部门合作 / 102

360 协助企业的战略目标转变 / 104

04　选聘高管，增强空降兵存活率

第一节　外来的和尚难念经 / 110

高管招聘，事关宏图 / 110

空降存活，X 博士有妙招 / 111

第二节　未来高管画像 / 114

Delta Talents 领导力 × 学习力 / 114

确定重点关注的领导力领域 / 118

第三节　模拟舱测评全景记录 / 120

评委准备环节 / 125

受测者准备环节 / 127

邮件阅读 / 128

第一场——商务活动 1：供应商采购价格事宜 / 131

第二场——商务活动 2：敦促下属达成业绩 / 135

第三场——商务活动 3：下属离职 / 140

第四场——商务活动 4：CRM 系统 / 144

第五场——商务活动 5：接受业务挑战 / 147

第六场——商务活动 6：主持战略决策会议 / 153

该聘用谁？ / 155

05 业务扩张，快速甄选 100 名渠道经理

第一节　试用期淘汰率居高不下 / 162

令人吃惊的淘汰率 / 162

营销总监来施压 / 164

招聘筛选过程失灵 / 165

第二节　目标岗位精准定位 / 170

深入调查第一线 / 170

目标岗位的精准定位 / 172

第三节　鉴别"可持续高绩效"人才 / 176

寻找"可持续高绩效"的员工 / 176

如何全面评估人才？ / 181

招聘有效性关键指标分析 / 183

IPO 人才测评模型 / 186

PSA 测评技术 / 189

PSA 技术七步法 / 194

三重漏斗筛选人才 / 197

第四节　前置"试用期"把好招聘关 / 201
高层共识确立会 / 201
细化甄选标准和扩容人才池 / 203
100 名渠道经理顺利到位 / 209

06　长效互补，企业测评中心"落地"

第一节　聪明借用外脑 / 213
什么样的企业内部测评中心才是"最好"的？ / 213
麦可可的工作盘点 / 215

第二节　测评中心四步落地计划 / 218
第一阶段，建立标准 / 224
第二阶段，试行项目 / 229
第三阶段，标杆复制 / 231
第四阶段，维护更新 / 233

第三节　落地成功，两年后再回首 / 237
两年后，麦可可 / 237
两年后，营销总监丁伟 / 239
两年后，人力资源总监 Simon / 240

附录一　图目录　/ 241

附录二　表目录　/ 243

附录三　人才测评的十四个X档案目录　/ 245

参考文献　/ 246

引 子

引 子

YM集团成立于1997年,作为一家在区域市场中颇有名气的本土快速消费品公司,从广州起步投资设厂,已逐渐将市场扩展到上海、北京等一线城市。

李腾飞作为YM集团的创始人兼总裁,并不满足于现阶段已取得的成果,他将长远的目光投向全国,甚至是国际市场。

虽然快速消费品行业已经有众多国际巨头深耕多年,内部运营和外部市场都已经打造得十分完善,看起来似乎铜墙铁壁,本土企业很难在这么激烈的竞争中获得生存之地,但李腾飞从中看到了市场空间。

一方面,这些外资企业所在的欧美发达国家当时正在饱受金融风暴和债务危机的困扰,它们投资和扩张的步伐必然受其影响变得保守起来;

另一方面,国内虽然已经保持多年经济高速增长,但是整体发展并不平衡,中西部的城市化进程远远落后于沿海发达城市,内在的发展动力仍然十分强劲。

在这样的背景下,李腾飞认为,YM集团应该立足于国内市场,潜心修炼组织运营的内功,积聚实力,以便日后与那些国际快消巨头角逐国际市场。

丁伟,38岁,集团营销总监。从李腾飞创业初始就跟随他一起打拼,属于YM集团的元老级员工,为人直爽,说话不拐弯抹角,但性子较直,让人多少有些怕他。

姚春喜，32岁，集团人力资源总监。在国外某知名高校念完MBA后，留在当地，加入一家外资快消企业工作了三年。后回国寻求发展机会，加入YM集团人力资源部，任人力资源总监，算是YM集团史上第一个空降高管，也是第一个喝过洋墨水的海归。自觉名字土，不太愿意让人直呼中文名，于是给自己起了英文名Simon。

麦可可，27岁，集团人力资源部招聘主管，后升任组织发展经理。毕业于国内某知名高校，专业是人力资源管理，主要工作是配合各个厂区和销售大区开展招聘工作。虽然刚参加工作不久，但有很强的上进心，希望能够通过自己的努力，在职场取得一定的地位。

王丽，32岁，集团人力资源部培训主管。之前在一家小型民营企业担任人力资源总监，进入YM集团后负责员工培训与发展工作。

TB管理咨询公司（简称"TB公司"），是一家本土非常卓越的人力资源外包服务机构，主要从事人才管理咨询、人才测评、招聘流程外包和猎头服务。它与YM集团建立了长期合作的关系，其服务YM集团的团队成员主要有首席顾问某博士、资深顾问李睿和顾问王明。其中王明与麦可可是大学同学。

01

一线员工流失率高,如何寻找合适的种子?

随着浦口厂生产线的扩展，YM集团对一线技工的需求逐渐加大，但随之而来的是一线技工的流失率居高不下，这可愁坏了赵厂长。他觉得"95后""00后"真是太难管理了，生活条件好了，他们对一份工作也并不那么珍惜了，一不顺心就辞职走了，这样下去可如何是好？于是，赵厂长将这一情况向集团总部汇报，希望获得集团人力资源部的支持，好改善这一局面。

第一节　招人难，留人更难

2020年2月10日，麦可可接到一个紧急任务，做一份2019年YM集团各部门的员工流失率分析报告。晚上7点半，麦可可终于把报告做完了，她把报告从头到尾检查了一遍，确认无误后，发给了Simon。

第二天早上，麦可可打开邮箱，看到了Simon回的邮件，约她10点开个会讨论一下员工流失率报告。10点整，麦可可来到了Simon的办公室。

"你昨天交的员工流失率分析报告我看过了，做得非常详细，分析了去年全年各个事业部不同层级的员工每个月的流失情况。做完这份报告，你对YM集团去年全年的员工流失率有什么看法？"Simon问麦可可。

麦可可迅速在大脑中回忆昨晚那份报告中的数据，回答道："YM集团去年整体流失率偏高，为13.6%，其中生产制造部员工流失率高达33%，是整体流失率偏高的主要原因，其他六个部门的员工流失率都低于10%的安全线（见图1-1）。生产制造部除了少数管理层以外，大部分员工是浦口厂的一线技工，近两年来一线技工的流失率急剧上升，这个问题浦口厂的赵厂长曾多次向人力资源部反映过，但是我们迟迟没有给出解决方案。"

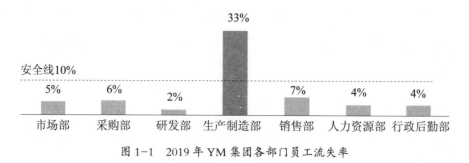

图1-1　2019年YM集团各部门员工流失率

"嗯，的确。"Simon说，"前天的CLT会议（公司高层会议）上又讨论了目前生产线效率不足的问题，赵厂长提出主要原因是员工的流失率太高了。一线技工入厂的培训期是两个月。而从你的员工流失率分析报告中可以看出，浦口厂的一线技工流失高峰期在入职后第三个月，达到两成左右，也就是说，这群人刚刚可以独自熟练地操作机器就离职了。这就需要源源不断地补充新人，不仅浪费我们人力资源部招聘和培训的成本，还会严重制约生产部门的效率。根据今年的计划，生产部的任务很重，如果员工流失率一直保持在这么高的水平，想完成产量翻倍的预订计划是不现实的。麦可可，你对这个问题怎么看？有什么好的方法可以降低一线技工的流失率呢？"

麦可可说："我觉得员工流失率过高是由于薪酬水平没有达到员工的期望，当然也可能有其他方面的原因。我还需要一些时间对员工的离职原因做一些分析，然后针对这些原因才能提出解决方案。"

Simon说："嗯，好啊，我建议你从两个方面入手，一是了解YM集团浦口厂的薪酬在市场上的水平，对比几家同类型公司类似岗位的薪酬，看看我们目前给一线技工的薪酬是否有竞争力；二是分析离职访谈记录，YM集团的员工在离职的时候都会由人力资源部对他们进行一个简短的离职原因的访谈，从这里面看看能否找到一些员工流失的原因。给你一天时间，够吗？明天早上给我一个初步的解决思路。"

麦可可点了点头。

第二节　加薪是否定能稳固人心？

薪酬还是价值观？

按照麦可可原先的设想，浦口厂一线技工流失应该主要是薪酬原因，可是薪酬调研报告表明，YM集团一线技工的薪酬在市场上处于中等偏上的水平。同时，离职原因访谈的结果也表明薪酬不是员工离职的主要原因，在离职访谈记录表中有些人提到了身体原因，有些人提到工作强度大等原因（见表1-1）。麦可可看着访谈结果和薪酬调研报告陷入了沉思，通过涨工资来降低员工流失率的方法可能会有短期效果，但肯定不能解决根本问题，就算要涨，涨多少才会有效，麦可可心里也没谱。

表1-1　2019年浦口厂一线技工离职访谈记录表（部分）

员工编号	离职原因
PK03211	慢性胃病，三班倒会令进食时间不规律，要辞职调养身体
PK03456	不能适应负重的工作与有噪声的环境
PK05098	工作地点偏远，交通不方便
PK05342	工作简单，劳动强度大，与专业不对口
……	……

麦可可在大学班级微信群里发了一条消息，询问员工流失率太高一般有什么好的解决方法，大家开始热心地讨论起来，这时候收到同学王明发来的一条消息："我们公司可以提供降低员工流失率的解决方案，我发个之前做的案例给你参考一下吧。"

王明给麦可可发了一个P公司的案例——《选择合适"种子"：某大型快消企业降低"95后"员工流失率项目案例》，文中写到一家大型外资快消企业P公司那几年遇到"95后"员工流失率急剧上升的问题，由早些年的2%飙升到现在的20%以上，给P公司的发展和稳定造成了一定的影响。所以，P公司与王明所工作的TB公司合作，找出"95后"员工流失的原因并针对性地提出解决方案。

麦可可看完案例后，拨通王明的电话。两人寒暄了几句后，麦可可问："有个问题要向你请教一下，我们YM集团在浦口有一个生产基地，有2000名左右的一线生产技工。近两年来，一线技工的流失率逐年上升，去年已经超过 30%，给 YM 集团的生产效率造成了很大影响。你们公司有什么好的解决方案吗？"

王明说："你们浦口厂的一线技工是通过校园招聘还是社会招聘进来的？"

麦可可回答："我们每年 3 月会在广州几所对口的技术院校招聘大概 200 名新人，这是浦口厂一线技工的主要来源，偶尔也会进行社会招聘，但是量不大，平均一年在 10 人以内。"

王明又问："那你们校园招聘是按照什么方式对应聘人员进行筛选的呢？"

麦可可回答："我们招聘一线技工主要有笔试和面试两个环节。笔试主要通过逻辑推理能力和空间想象能力测试对应聘者进行一次筛选，面试环节我们会考察应聘者的实际操作能力，比如是否能看懂电路图、机械图之类的，也会对面试者的性格做一些了解。"

王明说："你们浦口厂招聘一线技工时主要考察的是他们的能力，通过笔试、面试选出了最优秀的应聘者，但是选择最优秀的人是有风险的。企业和员工的关系就好比土壤和种子的关系，种子不适合这片土壤，再好的种子也长不出果实；企业招人也是一样，不应该只选最优秀的人，而应该选最适合企业环境的人，合适的人更可能在企业长期稳定地发展下去，企业的员工流失率也会随之降下来。"

"嗯，这一点我也有感受。有一些在笔试、面试过程中表现很好的应聘者，入职没多久就离职了。"麦可可说，"那对一个企业来说，什么样的人才算合适的呢？"

"每个人在择业时对工作中的方方面面都有一些期望，这些期望构成了一个人的职业价值观。而每个企业又有着自己特有的环境，可以提供给员工的价值也各不相同。如果一个人追求的价值在企业中可以得到实现，我们就认为这个员工是适合这个企业的。"王明回答。

"嗯，"麦可可表示同意，说，"那应聘者的价值观我们怎么考察呢？"

"我们公司有一个价值观测评产品，可以应用在人员招聘上，通过对应聘者职业价值观的考察，得到这个员工是否适合企业的结论。通过选择那些更加适合企业的员工，就能有效地降低员工流失率。"王明说。

"嗯，了解了，多谢你啊！我先向我们总监汇报一下这个解决方案，如果需要更进一步的沟通，我再联系你。"麦可可说。

麦可可整理了一下思路，向 Simon 建议在招聘环节引入价值观测评，将浦口厂一线技工的招聘标准从选择最优秀的人转到选择最合适的人，从而降低流失率。Simon 表示认可，让麦可可继续跟进这件事情。

为什么价值观匹配可以降低流失率？

麦可可联系王明约 TB 公司来 YM 集团进行一次面谈。初次沟通安排在会议室，有五个人：YM 集团的 Simon 和麦可可，TB 公司的三个顾问李睿、王明和新人 A。李睿是 TB 公司的资深顾问，有七年的人力资源咨询工作经验，擅长人才测评领域的各种工具开发。双方交换名片后进行了简短的自我介绍，然后 Simon 直奔主题，说："三位顾问，相信麦可可已经和各位说过近两年来 YM 集团浦口厂一线技工流失率高的问题了，这次请几位顾问过来是想交流一下 TB 公司是如何处理这类问题的？"

李睿回答："好的，通过前期与麦可可的沟通，我们得知浦口厂在招聘一线技工时主要从应聘者的专业能力水平上进行筛选，这样可以保证招进浦口厂的员工很快上手工作，但是并不能保证这些人员的稳定性。因此，我们建议在招聘环节加入对应聘者与浦口厂匹配性的考察，我们TB公司可以提供相应的考察工具——价值观测评产品，在浦口厂招聘时筛选出与浦口厂相匹配的应聘者，从而降低浦口厂员工流失率。现在，'95后''00后'渐渐进入职场，他们的职业追求和选择与以前的人有了很大的不同，企业在招聘时应该更加关注他们的价值诉求，不然肯定会出现员工流失率高的问题。"

测评×档案之一："95后"的职业价值诉求

从生命周期发展角度，"95前"逐渐进入而立之年，心智趋于成熟；"95后"踏入职场不久，对自我和社会充满好奇和怀疑，"95后"的多变与无常本身就是自我探索和成长中不可缺少的环节。我们不仅要看到成长必经阶段的共性，也要看到塑造这代人独特个性的社会环境，如"421"家庭（4个祖父母长辈、父母2人和1个小孩的家庭结构组成，已日益成为我国基本家庭结构）的兴起等。下面分别从物质增长、网络兴起、圈子文化、"421"家庭四个层面分析"95后"成长的社会环境（见图1-2）。

"95后"的成长环境形成了他们对职业选择的观点，他们追求"工作与生活的平衡"、厌恶"等级森严"、渴望"平等自由"、希望"享受工作、不被工作奴役"、重视个人价值的提升。有调研资料显示，"95后"的平均留任年限为1.2年，反映出群体离职倾向偏高，对企业的忠诚度较低。所以，企业要想保证"95后"新员工的稳定性，应该更加关注"95后"的职业价值诉求。在前期招聘过程中，企业需要对应聘者的职业价值诉求进行更充分的了解，才能招到与企业环境相匹配的员工。

物质增长

渴求物质："95后"认为富裕和光鲜是未来生活的底线。
快速回报：他们期望做出的努力能够得到快速回报。
现实和讲求实际：社会的现实让他们很早就明白应该熟练掌握社会游戏规则，他们超乎年龄地现实和讲求实际。

网络兴起

快节奏：擅长同时处理多件事情，对许多事物都表现出强烈的好奇。
感官体验：他们浏览着各大视频网站，在各类网络游戏中自如地切换身份。
网络式社交和名望：感受着互联网时代的信息爆炸，无缝式人际交流以及特立独行的草根崛起，他们渴望与他人交流并获得关注。

圈子文化

亲密的圈内关系：独生子女亲缘关系趋向简单，因此更看重友情，积极参与不同圈子的聚会。
个体独特性：他们融入不同的小圈子，同时也期望自己成为焦点，保持着个体的独特性，赢得圈内部分话语权。

"421"家庭

依赖vs独立：他们一方面渴望独立，另一方面对父母有着极强的依赖性。
学习功利化：关注学习能否给自己带来实际的利益和好处。

图1-2 "95后"成长环境分析图

"但是每个企业的特点各不相同，你们怎么确定具有什么样价值观的人才是适合YM集团的呢？"Simon问。

"我们会针对每个企业的实际情况进行调研，了解企业的基本特点，从而确定具有什么样价值观的人是适合该企业的，然后会根据调研的结果来开发测评产品。"李睿回答。

"如果我们和TB公司合作开发一个针对浦口厂的价值观测评产品，具体的步骤是怎样的呢？"

"我以近期做的一个类似项目为例，介绍一下具体的工作步骤吧。"李睿于是把P公司降低新员工流失率项目步骤当作案例开始介绍。

项目背景：P公司是一家外资企业，它的招聘流程中原本就有一个测评系统，着重从能力素质方面对应聘者进行考察。这种测评虽然可以保证招聘到在未来产生高绩效的人才，但是近年来P公司发现新员工的流失率逐年上升，一些很优秀的员工，入职不到一年就选择了离开。我们通过对外部调研报告的研究与内部员工的访谈，了解"95后"员工的独特个性与分析P公司新员工的离职原因，总结出导致P公司员工离职的因素，并据此提出相应的改进措施。

项目步骤：本项目的目标是将P公司新员工的流失率从20%降低到5%，采用的方法主要是在招聘环节加入价值观测评，从源头上把好关，在招聘环节筛选出符合P公司价值观的应聘者。

该产品的开发周期为20天左右，主要分为四个阶段。

第一阶段，前期调研，8天左右。TB公司的顾问对P公司的管理层和内部员工共35人进行访谈，通过访谈了解P公司内部员工的价值观诉求与P公司可以提供的固有价值观因素。

第二阶段，量表开发，5天左右。借鉴成熟的职业价值诉求分类量表，探究个体职业价值观，根据前期调研的结果对价值诉求分类和量表进行校准，开发符合P公司实际情况的价值观量表。

第三阶段，常模建立，5天左右。这个阶段选取了P公司内部稳定性高的60名新员工进行测试，为内部常模提供数据。常模通俗地来说就是测评的标尺，将应聘者的测评成绩与内部稳定性高的员工成绩进行比较，得出两者价值观匹配度，匹配度越高表明该应聘者在P公司稳定留任的可能性越大。

第四阶段，产品上线，2天左右。将最终确定的价值观题干、内部常模在IT系统上进行配置，将测评系统交付给P公司。

项目成果：P公司在2019年的校招中使用了TB公司的价值观测评产

品，招聘的新员工流失率大幅度降低，从2018年的21.3%降低到5.2%。

Simon听完了李睿的介绍，说："我们以前也考虑过在招聘一线技工时使用在线测试，但有所顾虑，担心会出现泄题、学生找人代替答题等情况。"

李睿说："在线测评的确会有缺陷，现有的技术手段并不能完全避免泄题、代替答题等现象，但是可从两个方面尽量降低这种可能性：第一，统一测试场所，将测试者集中到一个地点，分发账号进行现场测试。当然这要看企业自身的条件，如果已经有了机房、计算机等硬件设备，这种方式显然可以很好地避免代替答题的现象发生。第二，测试前宣导，在发送账号时跟被测验者表明这不是一个考试，题目不会有对错之分，测试的目的是想对每个人的性格作一些了解，以便于入职后同事间工作上的相互配合，所以请按照自己的实际情况进行答题即可。"

"嗯，浦口厂有个一百人的大机房，每年一线技工招聘大概会有三四百人应聘，统一到机房测试是可以实现的。"Simon说，"我还有个问题，你们怎么保证这些题目可以准确地测出应聘者的价值观呢？"

"我们的价值观测评采用了最新的心理测验技术——迫选测验技术，可以有效地防止测试者猜题的倾向。我们首先会通过调研确定需要考察的价值观维度，根据企业的实际情况开发描述各个价值观维度的题干，然后利用迫选技术将这些题干两两配对，形成一个迫选量表。迫选的精髓就在于可以很好地降低测试者作假的情况，因为两个都是看起来比较正面的选项，让测试者从中选一个，他就无法猜测题目的考察意图，只能按照自己的真实情况进行答题。"李睿解释了一下TB公司开发的价值观测评产品的题型与优势。

测评 × 档案之二：什么是迫选测验？

　　随着心理测验的使用越来越广泛，越来越多的受测者在心理测验中表现出一种"装好"的倾向，这类受测者往往倾向于在测验中给出有利于自己的描述，或者根据题目本身的社会价值判断进行回答。受测者的回答与其实际情况总是存在一些差距，其在测验中的测评结果比真实的情况要好。这个问题就是社会赞许性（Social Desirability，简称SD）对心理测验的影响。在当前的人才选拔情境中，高淘汰率往往促使受测者在心理测验中作假，而心理测验中的很多题目本身具有较为明显的价值判断，很容易被识别。受测者根据社会或企业的期望来回答问题，能够提升测验成绩，从而帮助自己获得目标职位。

　　迫选测验的题目是由两个社会赞许性相同的选项组成，但每一个选项与不同的维度相关，要求受测者在两个选项中间做选择，选出最能描述自己性格的项目，以此来抑制作假反应的产生。国内外一些经典的心理测验量表，像MBTI、DISC等都采用的是迫选测验的形式。

　　麦可可问："价值观测评的测试时间一般是多长？"

　　"价值观测评属于心理测验的范畴，需要测试者根据自己的第一感觉回答，不需要过多的思考时间，所以测评时间不会太长，一般在20分钟以内。"李睿回答。

　　麦可可问："据我了解，其他的测评公司应该也有价值观测评产品，与其相比，你们有哪些优势呢？"

"目前国内的人才测评公司分为两类，一类是外资测评公司的中国分部，另一类是国内本土的测评公司。外资测评公司提供的价值观量表一般是基于国外的研究开发的，可能与国内企业的实际情况不太符合，而国内本土测评公司一般会提供定制化开发测评工具的服务，很少会针对价值观进行开发。我们 TB 公司能够通过和 P 公司合作的契机，开发出降低员工流失率的价值观测评产品，就说明我们是有优势的。"

　　随后，麦可可又问了产品测评结果呈现形式、测评报告的应用等几个细节问题，双方的第一次沟通圆满结束。

第三节　从优秀到合适

由离职原因到访谈提纲

　　三天后，李睿告诉王明，YM 集团的单子签下来了，下周将正式启动。李睿将 YM 集团发过来的离职数据、离职访谈记录等资料发给王明，让他研究并拟定一个访谈提纲，项目一启动就进行内部访谈。

　　在 YM 集团价值观测评产品开发——TB 公司内部第一次讨论会上，王明向李睿汇报前期资料的分析结果："根据我们对价值观测评工具的开发思路，我们先对 YM 集团浦口厂的员工离职原因进行了分类，这些离职原因其实就是员工和企业价值观不匹配的表现，所以从离职原因可以推导出价值观的测评维度（见表 1-2）。"

表 1-2　2019 年浦口厂一线技工离职访谈原因归纳表

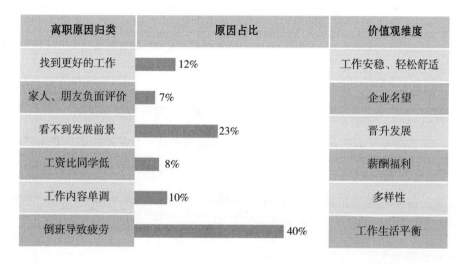

"但这些是第二手的资料,我们后续将会通过一轮访谈挖掘一线技工的离职原因,并对这些离职原因进行分析,得出完整的价值观匹配模型,从而进行后续量表开发。"王明继续说,"所以我们的访谈提纲将采取和 P 公司相似的结构,从三个方面进行:第一,了解 YM 集团浦口厂吸引员工留任的因素;第二,了解浦口厂做得不够好的方面;第三,侧面了解已离职人员的离职原因。通过这三类问题构建一个完整的价值观模型,这个模型也是对浦口厂企业环境的描述。同时,通过前两类问题还可以对浦口厂的企业环境做一个诊断,哪些是浦口厂做得较好的方面,哪些是不足的方面,诊断结果可以作为设置价值观子维度权重的依据。"

"可以。那你制订一个项目计划(见图 1-3)发给 YM 集团,让他们提前安排吧。"李睿说。

王明将项目计划发给了 YM 集团,双方将按照这个计划配合这个项目的推进。

```
  4天      3天      1天     5天        5天      2天
───●───────●───────●──────●──────────●───────●───
YM集团内部访谈  访谈资料整理  中期汇报  量表开发   内部试测    产品上线
```

图 1-3　YM 集团浦口厂价值观测评工具开发项目计划

测评 × 档案之三：YM 集团浦口厂价值观测评工具开发访谈提纲

作为职场新生代的"95 后"，其职业追求和选择已经发生翻天覆地的变化，要求企业更多地关注其职业价值诉求，以达到较好的人企匹配。由于"95 后"职业价值诉求的匹配性对其流失率的影响越来越大，TB 公司根据"95 后"的特点定制开发职业价值诉求量表，以帮助 YM 集团浦口厂在招聘过程中更好地选择。

为了提高项目的质量和效果，更加科学地提炼"95 后"职业价值诉求要点，项目组将抽样对你进行深度访谈。具体说明如下。

访谈内容我们将严格保密，请你开诚布公、简明扼要地回答。

本次访谈预计需要 45 分钟，对你的支持我们深表感谢！

一、个人背景

请简要介绍你的工作经历，特别是你在 YM 集团浦口厂的工作经历。

二、浦口厂企业环境诊断

1. 你目前的工作职责和工作重点是什么？

2. 你觉得 YM 集团的工作环境怎么样？

3. 你觉得自己在 YM 集团能够获得什么？你觉得 YM 集团有哪些特点吸引你留任和发展？

4. 你觉得 YM 集团浦口厂在哪些方面做得不够好，没有达到你的期望？

5.身边关系比较好的同事有没有已经离职的？你觉得其离职的原因可能是什么？

三、其他

你对本次咨询项目有什么期望和建议？

本次访谈到此结束，非常感谢你的配合！

访谈中的新发现——员工离职新模型

TB公司的四个顾问分为两组（王明和新人A一组，李睿和新人B一组）对YM集团浦口厂进行了为期4天的访谈，共访谈了40名一线技工。访谈结束后，大家分工整理了访谈资料，通过对浦口厂吸引因素与待改进因素的总结，发现除了价值观不匹配外，浦口厂一线技工离职还受到另外两个因素的影响。

第一，因为一线技工的工作具有一些特殊性，比如需要长期做重复性的操作工作，需要忍受一些刺激性的气味，所以如果一个人没有对这份工作产生很深的沉浸感（Flow，译作"沉浸感"，又译作"心流"，是指投入工作或其他事情而产生的水到渠成、不费吹灰之力的感觉），是不可能长期留任下去的。

第二，在访谈过程中还发现有些一线技工在入职前后会产生较大的落差，受到了一些震撼性事件（Shocks，即"震撼性事件"，对一个人的工作产生负面影响的一种外部事件，会引发这个人对当前工作状态有意识地判断）的刺激，从而产生了离职倾向。

综合上述一线技工流失的三个影响因素，王明和新人A、新人B归纳出了浦口厂一线技工的离职模型（见图1-4）。

个人在面临工作选择的过程中，无论如何也不会放弃的至关重要的东西或观念。

对工作的内容、性质等是否感兴趣，是否会产生沉浸于工作的感觉。

震撼性事件的刺激是造成员工离职的最直接的原因（导火线）。

图 1-4　浦口厂一线技工离职模型

王明向李睿汇报访谈结果分析的时候说："离职模型中的第一个因素是职业价值观，根据访谈结果分析，我们总结出了浦口厂价值观的三大因素九个维度（见图 1-5）。"

┌─ 声望因素 ─────────────────────────────┐
│   │
│ ・企业名望：希望工作能让自己在亲人和朋友面前感到自豪 │
│ ・晋升发展：希望凭能力大小得到晋升发展而不论资排辈 │
└──┘

┌─ 保障因素 ─────────────────────────────┐
│   │
│ ・薪酬福利：希望能够快速地获得物质回报 │
│ ・人际氛围：希望工作时的人际氛围充满深厚的情感色彩 │
│ ・工作与生活平衡：希望工作能够不影响个人的休闲和娱乐 │
│ ・安全稳定：希望工作能够带来安全感 │
└──┘

┌─ 发展因素 ─────────────────────────────┐
│   │
│ ・成就感：希望工作能够带来成就感 │
│ ・学习培养：希望得到个性化的指引和关注 │
│ ・多样性：希望工作内容丰富，让自己保持新鲜感 │
└──┘

图 1-5　浦口厂价值观三大因素九个维度

王明继续说："我们将被访谈人对这九个维度的评价进行分析，统计出正面评价与负面评价的比例,以此作为 YM 集团浦口厂企业环境九个维度的诊断依据,可以得出在晋升发展、工作生活平衡和多样性这三个维度上,一线技工的负面评价率较高。这是 YM 集团在招聘一线技工的时候需要重点关注的价值观维度,需要加大这些维度在测评结果中的权重。"

测评 × 档案之四:YM 集团浦口厂企业环境九大维度诊断

表 1-3 为 YM 集团浦口厂企业环境九大维度诊断。

表 1-3 YM 集团浦口厂企业环境九大维度诊断表

价值观维度	正面评价率	正面评价	负面评价
企业声望	58%	有口碑、中国 500 强	三班倒面子上过不去; 没有国有企业好
晋升发展	43%	留下来的人通常眼光较长远,看到未来的比例会多一些; 觉得晋升空间足够,主要看个人能力	难在短时间内看到很好的前景; 晋升需要的时间太长,这段时间内压力较大
薪酬福利	64%	自己没什么能力,这样的工资已经比较高; 对员工福利很满意,比如说医保有报销,住房公积金都会有; 薪水是中等,福利是还可以	工资一般,竞争力不高; 工资没有汽车行业高; 薪酬与工作强度不匹配; 比不上国有企业,加班没加班费
工作安稳	86%	不会出现拖欠工资,不随便炒人; 踏踏实实干,不求大富大贵; 保证家庭生活稳定,不用到处出差	有些人胸怀大志,想出去做生意、赚大钱; 没有国有企业的工作稳定

（续表）

价值观维度	正面评价率	正面评价	负面评价
人际关系	100%	人际透明度是很高的，人际环境也比较简单； 大家私底下的关系非常好； 团队没有勾心斗角，没有潜在的斗争	有其他生产线的老板会特别厉害，会骂人，这种过于严厉的管理方式，会对刚入职的人员有影响
工作生活平衡	21%	能够适应三班倒； 下班后生活不受影响	与同学很少机会聚到一起； 适应不了三班倒，作息调不过来； 现在上班蛮累的，睡不好会觉得累
培训学习	79%	学到的理论与技术也适用其他单位； 一种很正规的途径来学习正规的东西； 主动去学习，技术上有很多资源； 管理方面的东西，还是有非常多的东西可以学的	计划紧，培训机会少； 希望实习期就有些培训机会，培训内容可以广泛一些
成就感	100%	写建议得到认可，并得到实施； AM工作挑战多，能力不断提高，充实人生； 独自将机器问题解决	
多样性	43%	重复工作就像吃饭一样； 有机会主动学习东西，不会觉得枯燥； 除了设备维护之外，主要的还是生产线的运行，管理系统的管理，生产过程中的问题都要参与，不会太过单一	过了两个月发现没有新鲜感

"影响浦口厂一线技工流失的第二个因素是工作沉浸感。一线技工岗

位有大量的操作性工作和体力工作，而且工作场所会有一些刺激性的气味，不同的员工对这个岗位的看法有很大的差别。在访谈过程中我们发现，有些员工在工作过程中会完全沉浸其中，享受工作带来的乐趣；而有些员工却会觉得工作很枯燥，对工作没有什么兴趣。通过相关性分析我们得出，对工作有沉浸感的员工对浦口厂企业环境的评价要明显高于对工作没有沉浸感的员工。所以，工作沉浸感也是影响员工离职的一个重要因素。根据访谈记录我们总结出，对浦口厂工作产生沉浸感的人一般会具备四种特质：能适应体力工作、喜欢操作性工作、能适应负面环境、喜欢智力刺激。（见图1-6）"

能适应体力工作

浦口厂的劳动强度较大，对体力有一定的要求，可以很快适应这种劳动强度并且不抗拒体力劳动的人更容易留下
- 合适人员：能吃苦耐劳、定心；适应高强度工作；家庭有工厂背景；以前从事过劳动强度更大的工作
- 不合适人员：娇气；抵触干体力活和脏活

喜欢操作性工作

浦口厂生产线上有很多机械类操作工作，对这类工作感兴趣的人更可能留下长期发展
- 合适人员：专业（技工、机电）对口；喜欢研究机械；适应重复性工作；喜欢职责明确的工作
- 不合适人员：喜欢销售、客服、行政人事等更多地与人打交道的工作

能适应负面环境

在生产线工作一般会有噪声、粉尘、气味的影响，不同员工对这些负面影响的看法有所不同
- 合适人员：觉得有噪声、粉尘、气味很正常，生产线都这样；更看重安全性
- 不合适人员：觉得噪声、粉尘、气味对身体有危害

喜欢智力刺激

生产线上的工作会提供很多需要进行智力的操作，喜欢动脑思考、探索新事物、解决新问题的人可能会更适合浦口厂
- 合适人员：喜欢发现问题、解决问题；喜欢持续提升问题解决与创新能力；喜欢锻炼独立解决故障能力
- 不合适人员：喜欢不需要动脑子的工作

图1-6 对浦口厂工作产生沉浸感的员工必须具备的四种特质

"嗯，很好，考虑了工作沉浸感因素后，我们降低流失率的方案就不仅要从人企匹配方面考虑，同时还考虑了员工和岗位特性的匹配。那这个工作沉浸感可以开发量表进行测评吗？"李睿问。

王明很有信心地说："可以的，我们初步的思路是参考约翰·霍兰德职业兴趣理论进行开发。霍兰德的理论将人分为六种类型，每种类型会对不同种类的职业产生兴趣。在这六种类型中，实际型 R 的人对浦口厂的工作会产生强烈的沉浸感，常规型 C、调研型 I 的人会产生一定程度的沉浸感，所以我们可以参照已有的量表进行修订，为浦口厂招到实际型、常规型和调研型的一线技工提供参考。"

测评 × 档案之五：根据霍兰德职业兴趣量表开发工作沉浸感量表

霍兰德认为人的人格类型、兴趣与职业密切相关，兴趣是人们活动的巨大动力。凡是具有职业兴趣的职业，都可以提高人们的积极性，促使人们积极地、愉快地从事该职业，且职业兴趣与人格之间存在很高的相关性。霍兰德认为人格可分为常规型、调研型、艺术型、社会型、企业型和实际型六种类型，每一种类型具有一些稳定的心理特征，并且会对特定的职业感兴趣（见表1-4）。

表1-4 霍兰德职业兴趣类型表

职业兴趣	特征	感兴趣的职业
常规型 C	喜欢按计划办事，细心、有条理，习惯接受他人的指挥和领导，自己不谋求领导职务。喜欢关注实际和细节，较为谨慎和保守，富有自我牺牲精神	秘书、办公室人员、会计、行政助理

（续表）

职业兴趣	特征	感兴趣的职业
调研型 I	抽象思维能力强，求知欲强，肯动脑，善思考，喜欢独立的和富有创造性的工作。考虑问题理性，做事喜欢精确，不断探讨未知的领域	科研人员、教师、工程师、医生、系统分析员
艺术型 A	有创造力，乐于创造新颖、与众不同的成果，渴望表现自己的个性，实现自身的价值。做事理想化，追求完美，不重实际	演员、设计师、建筑师、摄影家、歌唱家、作曲家、小说家、诗人
社会型 S	喜欢与人交往、不断结交新的朋友、善言谈、愿意教导别人。寻求广泛的人际关系，比较看重社会责任和社会道德	教师、教育行政人员、咨询人员、公关人员
企业型 E	追求权力、权威和物质财富，具有领导才能。喜欢竞争、敢冒风险、有野心、抱负，习惯以利益得失、权力、地位、金钱等来衡量做事的价值	销售人员、营销管理人员、政府官员、企业领导、法官、律师
实际型 R	愿意使用工具从事操作性工作，偏好于具体任务，不善言辞，社交能力不强，通常喜欢独立做事	制图员、机械装配工、厨师、技工、修理工

对比对浦口厂工作产生沉浸感的人员的四大特征的描述，可知：

- 实际型 R 的人对浦口厂的工作产生沉浸感最强；
- 常规型 C、调研型 I 可能会对浦口厂的工作产生一定的沉浸感；
- 艺术型 A、社会型 S、企业型 E 基本不可能对浦口厂的工作产生沉浸感。

综上所述，我们可以根据霍兰德职业兴趣测验开发浦口厂工作沉浸感量表。

王明说到最后一个影响浦口厂一线技工流失的原因："根据 Lee,

Mitchell（1994）的离职路径理论，员工决定离职最直接的导火索就是震撼事件。我们在访谈中也发现某些员工的离职并不是理性状态下做出的决定，而是由于受到了某一件或几件震撼事件的刺激而做出的。所以，我们将开发一个心理量表对应聘者的抗震撼事件能力进行考察，面对这些震撼事件还能保持积极心态的一线技工，才更可能在浦口厂长期稳定地发展下去。"

测评 × 档案之六：浦口厂一线技工震撼事件类型总结

图1-7为浦口厂一线技工震撼事件类型图。

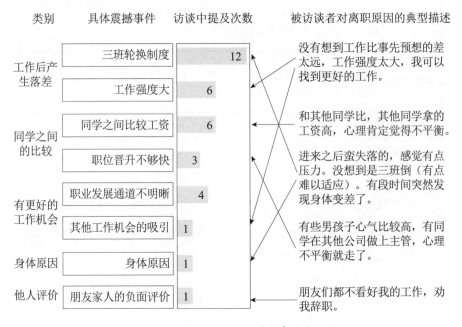

图1-7　浦口厂一线技工震撼事件类型图

最后，王明总结道："综合上述三个影响员工离职的因素，我们构建了浦口厂一线技工离职的新模型。根据这三个因素开发相应的测评工具，将可以更加准确地筛选出适合浦口厂的人员。"

李睿说："嗯，这个模型很全面了，你们整理一下，去YM集团做中期汇报时就以这个新模型作为浦口厂员工流失率问题解决方案的基础。"

降低员工流失率的治标治本之道

按照项目计划，在题本开发之前，TB公司要去YM集团进行一次中期汇报，双方确定前期调研的结论与后续编制量表的思路。由于李睿临时加入一个外地项目，王明第一次独自上阵，带着新人A、新人B去YM集团进行中期汇报，主要内容是根据之前总结的浦口厂一线技工离职模型提出解决方案。王明第一次站在台上单独做汇报，却丝毫不紧张："通过前期调研与访谈，我们总结出了影响YM集团'95后'员工的离职模型。从这个模型我们可以看到，影响浦口厂一线技工离职的因素主要有三个：职业价值观、工作沉浸感和震撼事件。"

王明继续解释这个离职模型："每个员工有着自己的职业价值观与对特定工作的沉浸感，而YM集团浦口厂有着企业稳定的价值观与岗位特性。当员工的价值观与YM集团的核心价值观相匹配，同时员工对YM集团浦口厂的工作产生沉浸感时，这个员工将处在人企与人岗双重匹配的合适地带，处于合适地带的员工将更可能选择长期稳定地留在浦口厂发展；而员工价值观或沉浸感中没有与企业固有价值观或岗位特性匹配的部分，将会产生一系列的震撼事件，这些震撼事件将会是导致员工产生离职倾向的导火线。"（见图1-8）

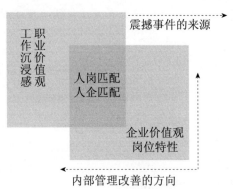

图1-8 浦口厂一线技工离职模型及解决方案

王明将离职模型简单地介绍了一遍后,开始说TB公司的解决方案:"根据上面的分析,我们打算从企业内部管理改善(治本之道)与外部招聘环节筛选(治标之道)两方面提出解决方案,以达到降低员工流失率的目的。"

王明继续说:"首先,在企业内部管理方面,我们通过访谈调研得出员工诉求与企业特性之间的差距,为浦口厂提供内部管理改善的方向。我们对浦口厂的九大价值观因素进行诊断,得出工作生活平衡、晋升发展、多样性、企业声望、培训学习与薪酬福利这六个因素最需要改善。"(见表1-5)

表1-5 浦口厂价值观因素诊断表

职业价值观诊断		正面评价率	结论
主题	诊断内容		
声望因素	企业声望	58%	YM集团是中国500强,企业本身声望较高,但浦口厂的技术工人岗位会使员工家人或朋友产生负面评价,降低YM集团的声望因素

（续表）

职业价值观诊断		正面评价率	结论
主题	诊断内容		
声望因素	晋升发展	43%	晋升速度中等，晋升路径清晰，晋升之前有各种考核，达到标准后即可晋升，看重长远发展的员工对YM集团的晋升机制较满意
保障因素	薪酬福利	64%	薪酬在市场上竞争力一般，对员工的吸引力不强；福利较好，是吸引员工的重要因素
保障因素	工作安稳	86%	提供的是一份安稳的工作，具体体现在不会拖欠工资、不会随意裁员，可以让员工产生安稳感
保障因素	人际关系	100%	人际关系简单透明，同事、上下级之间很融洽，是促使员工留任的重要因素
保障因素	工作生活平衡	21%	三班倒会使员工身体产生疲劳，并且会导致员工与家人、朋友间的作息时间不同步，很大程度上影响了员工的生活，对此无法适应的员工将较大可能选择离职
发展因素	培训学习	79%	可以提供各种培训，员工在YM集团学习到一些问题解决能力与管理方面的知识，对以后的生活工作都有积极作用。主动性较强的员工可以更加深刻地体会到这些培训的价值
发展因素	成就感	100%	员工在工作中会遇到一些具有挑战性的问题，解决这些问题会给员工带来成就感
发展因素	多样性	43%	YM集团的工作不是一味地简单重复，在工作中慢慢能体会到工作内容、范围的变化；如果将这份工作的多样性局限在重复上的话，就没有新鲜感了

麦可可这时候问道："你们对浦口厂的诊断我基本认可，但是这么多需要改善的因素，我们不可能一次全部改变，我们最应该从哪一两点入手进行改善呢？"

王明回答："这一点我们也考虑到了。我们会综合考虑价值观因素（见

图1-9），结合员工评价与企业之间固有的差距程度与改善该价值观的可实施性，提出'晋升发展''多样性''企业声望'为最急需改进的因素，然后对'培训学习''薪酬福利'进行改善。"具体的改善措施见表1-6。

Simon对麦可可说："这个内部改进建议就由你负责跟进吧，你和浦口厂的赵厂长讨论讨论，制订一个改进计划。"

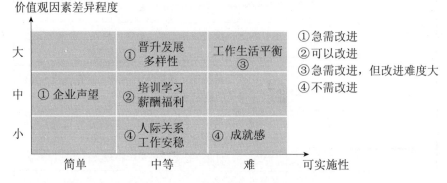

图1-9 浦口厂价值观因素差异程度

表1-6 浦口厂价值观因素改善措施

价值观因素	内部改进建议
晋升发展	为员工设计职业发展通道，并由各直线经理向员工明确；发掘浦口厂员工中职业生涯发展良好的标杆事例
多样性	提供基于职业生涯发展的轮岗机会
企业声望	"95后"更关注身边人对自己工作的评价，应注重把企业声望的影响范围扩大到员工家人
培训学习	提升"95后"员工学习主动性的指引机制
薪酬福利	"95后"更强调能够带来意义感的激励措施

"好的，我明天约赵厂长讨论这个问题。"麦可可回答。

"内部改进是降低流失率的长远方法,要在短期内降低流失率就需要在外部招聘环节加入价值观测评对应聘人员进行筛选。"王明继续说,"我们将根据访谈结果与调研结果确定开发三套量表,包括工作沉浸感、职业价值观与震撼事件,从三个方面对应聘者进行考察。"

"第一,具备以下四个特征的应聘者将更可能对浦口厂工作产生工作沉浸感:能适应体力工作、喜欢操作性工作、能适应负面环境与喜欢智力刺激。TB公司参考霍兰德职业兴趣量表对此部分的测评量表进行开发,应聘者测评后得到一个工作沉浸感指数(F)。

"第二,根据访谈中员工对浦口厂价值观各因素的描述,并参考国外成熟的价值观理论,我们确定需要在招聘时对应聘者的九大价值观因素进行考察:企业声望、晋升发展、薪酬福利、工作安稳、人际关系、工作生活平衡、培训学习、成就感、多样性。利用心理测验技术开发相应的价值观量表,并选取浦口厂50名稳定性较高的员工进行测试,用测试数据制定浦口厂价值观常模,在招聘中每个应聘者在价值观各维度上的得分曲线与50名内部稳定员工的常模曲线进行匹配,计算出每个应聘者价值观的匹配度(M)。

"第三,具备积极心态的员工才可以抵抗震撼事件的刺激,此部分将采用TB公司独家研发的积极心态量表对员工的抗震撼能力进行测评,结果为积极心态水平(N),即抗震撼事件能力。

"我们的测评报告将会综合这三个结果,得出一个总的匹配度指数(F+M+N),作为YM集团浦口厂招聘筛选的依据。"

中期汇报取得了不错的效果,前期工作成果也得到了YM集团的认可,王明和两名新顾问都很开心。回到公司后,他们便开始了紧张的后续测评工具的开发，每人负责一个量表的开发，王明负责工作价值观量表，新人 A 负责工作沉浸感量表，新人 B 负责抗震撼事件能力量表。经过一周的全封闭编题，三个量表编制完成，新人 A 将所有题目录入 IT 系统后，配置了一个产品，用于下一步的内部试测。

"我们可以进入内部试测环节，发账号给 YM 集团了吧？！"新人 A 问。

"是的，计划中写的是 50 名内部员工试测，你分配 60 个账号发给 YM 集团吧，多余的账号让人力资源部的人也进去试测一下，让他们对我们的测评题目提一些意见。"王明说，"对了，还有一点要特别注意。发账号给 YM 集团时，一定要特别提醒：这次参与测试的内部员工要选取那种高稳定性，在 YM 集团工作至少 5 年的员工。"

"是这样吗？我们一般收集常模数据不是应该随机取样，保证样本取样的范围尽可能广吗？"新人 A 有点疑惑地问道。

"YM 集团的项目是收集稳定性员工的数据作为标尺，用来衡量应聘者的稳定性，按应聘者与内部稳定性高员工在工作沉浸感、价值观与抵抗震撼事件能力上的匹配性，录取匹配度高的应聘者。"

"哦，明白了。"新人 A 将分配的账号发送给麦可可，让她组织内部员工进行测试。

测评 × 档案之七：为什么需要内部常模？

常模是指在心理测验中用于比较和解释测验结果时的参照分数标准。测验分数必须与某种标准比较，才能显示出它所代表的意义。

一般心理测评中会根据企业的需要使用两种类型的常模（见表 1-7）。

表 1-7 企业常用的两种常模

两种常模	适用范围	对标对象	测评结果的意义	具体操作
行业常模	快速发展企业,需要对标行业优秀企业确定自己的用人标准	行业标杆企业	测评的结果表明候选人在行业标杆企业中人员的水平	采用数据库中的固有行业常模,无须内部绩优员工试测
企业常模	成熟企业或有强势文化的企业,需要确定自己的内部常模	内部绩优员工	测评结果表明候选人在企业绩优人员中的水平	需要产品目标岗位序列绩优员工(30~40名)参与内部试测,分析数据

两种常模有各自的适用范围,图 1-10 为某高科技制造企业的测评结果统计。该企业的文化强调绩效导向、半军事化管理,所以企业内部绩优员工在关注细节、结果导向两项素质上表现很好。用应聘者这两项指标的分数与内部员工对标得出的分数为企业常模测评结果,会明显低于与行业平均水平对标得出的行业常模分数,所以为了使企业的测评衡量尺度更符合企业实际情况,建议其定制企业内部常模,用企业自己的尺去衡量受测者。

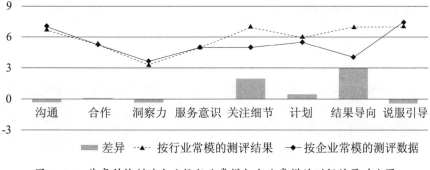

图 1-10 某高科技制造企业按行业常模与企业常模的测评结果对比图

YM集团组织内部测试异常高效，三天内就完成了全部测试。王明和新人A将测试数据进行统计分析，计算出稳定性高的人员常模后，将测评报告配置好，又仔细检查了几遍后约YM集团进行测评系统交付。

　　项目结项会在浦口厂会议室举行，Simon对这个项目的意义做了简单介绍，李睿总结了这次项目的成果及后续应用。之后，一行人来到浦口厂的机房，准备测试一下这个价值观测评系统（见图1-11），赵厂长突然兴致高昂地说："老姚啊，我们俩也测一下这个产品，看看结果如何？"

1. 你更看重在工作中获得：
   A. 工作薪酬比同级人要高　　　　B. 工作能使我享受到较高的社会地位
2. 你更看重在工作中获得：
   A. 工作中有较多晋升机会　　　　B. 自己有该领域的天分
3. 你更看重在工作中获得：
   A. 在工作中能建立良好的上级、同事、下级关系　　B. 能尝试自己的新想法
4. 你更看重在工作中获得：
   A. 当我有需要时，会得到相应的支持和帮助　　B. 工作能发挥我的才能

图1-11　浦口厂一线技工价值观测评系统

　　"哈哈，老姚啊，你果然不适合我浦口厂啊！"赵厂长看到结果大笑起来。

　　"这很正常嘛，我要是适合浦口厂，你不怕我抢了你的厂长位子。"Simon说，"我们还是请专业人士来给我们分析一下吧！"

01 一线员工流失率高,如何寻找合适的种子?

"从这张对比图(见图1-12)可以看到,总体来说,赵厂长更适合浦口厂的工作。从三个测评模块来看,在工作价值观和抗震撼事件能力上,Simon和赵厂长得分是差不多的,表明两个人的价值诉求都可以在浦口厂得到满足,并且两个人的意志都很坚强,可以抵抗住震撼事件的刺激。而从测评结果上看,两个人主要的差别在于对浦口厂工作的沉浸感上。我们对浦口厂工作沉浸感的定义是喜欢操作性工作和智力刺激,不厌恶粉尘环境和体力劳动,赵厂长虽然现在主要做的是管理整个工厂的工作,但他是技术工人出身,对浦口厂生产线的工作自然是很有沉浸感的;而Simon是HR总监,喜欢的工作类型应该是社交型,偏向人际多一些,而不是机械操作,所以Simon的工作沉浸感得分会明显低于赵厂长,从而造成了总体匹配度低于赵厂长的结果。"

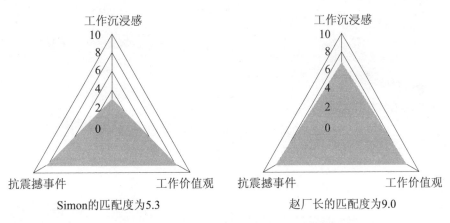

图1-12 Simon和赵厂长的测评结果对比图

"嗯,测得很准啊。"Simon和赵厂长异口同声地说。

小结　降低员工流失率解决方案

●外部招聘环节：利用价值观测评产品对人员进行筛选，选择与企业、岗位双重匹配的员工，重点考察以下三方面内容，通过测评筛选出最适合企业的员工，降低员工流失率。

工作沉浸感：个人选择一份工作时所要追求及关注的方方面面。

工作价值观：个人对某种职业活动具有的比较稳定而持久的心理倾向。

抗震撼事件：个人正面看问题，乐观地接受挑战和抵抗震撼事件刺激的心理素质。

●内部改进环节：通过调研访谈对企业环境进行诊断，针对诊断结果提出相应的内部改进建议，并由企业内部根据建议制定具体的改进措施并落实。

02

应届生海选,提升校园招聘有效性

YM集团每年进行两次大规模的校园招聘，根据工作岗位性质的不同，分别是3月的浦口厂招聘和9月的YM集团校园行。

3月的浦口厂招聘主要在广州及周边地区进行，每年会在对口的技术院校招收200名左右的一线技工。2018年和2019年新招的一线技工流失率居高不下，促使YM集团在2020年的招聘流程中加入了与TB公司合作开发的价值观测评系统，希望以此筛选出适合浦口厂土壤环境的应届生，降低一线技工的流失率。半年后，浦口厂新一批的一线技工流失率由2019年的33%成功地降低到了6.5%，赵厂长喜出望外，在第三季度CLT会议上对人力资源部的工作表示赞赏。

9月的YM集团校园行是在全国10个重点城市的一流高校进行校园宣讲和现场招聘，招聘一批应届生进入YM集团总部的七大岗位序列，人力资源部将根据各个岗位的用人需求制订招聘计划，通过网申、笔试、初面、终面四个环节对应届生进行层层筛选，最后进入YM集团的应届生将被分配到各个岗位序列。网申开始后，从全国10个城市大概会收到20 000份简历，通过简历初筛和笔试，最终会有300人左右进入初面环节。近年来，YM集团的发展非常迅速，对应届大学生的需求量越来越大，如何才能快速高效地招聘到高潜质的应届生成为人力资源部今年校招面临的重大挑战。

第一节　校招声势浩大但收效甚微

宣讲会不是广告会

每年一度的YM集团校园行即将启动，麦可可根据YM集团七大部门申报的用人需求，结合公司整体人力资源战略规划，确定了2020年的YM集团校园招聘需求量。麦可可将需求表提交给了Simon，Simon让她组织一个部门讨论会，对2020年的校园招聘方案进行讨论。

讨论会上，Simon首先说："在座的大部分人应该都参加过校园招聘小组，今天这个会议的主要目的是收集大家在招聘的各个环节遇到的困难和挑战，并希望大家对这些困难和挑战提出改进意见，使得今年的招聘任务可以圆满完成。"

麦可可说："去年的校园招聘计划完成率在50%左右，今年的招聘需求量基本和去年一样，要想完成这个计划肯定需要对原先的招聘方式进行调整。我们要从两点入手：第一，增大源头，加大前期广告宣传的力度，吸引更多的应届生参加YM集团的校园招聘；第二，增加招聘筛选的精确性，应聘的人数多了，如何才能从中挑选出适合YM集团的人才就显得尤为重要。至于怎么做到这两点，大家各自提提自己的想法吧！"

"我觉得可以让市场部给我们制作一些公司宣传材料，拍一些宣传视频之类的，贴在公司网站上，宣讲会的时候也可以用来播放。用这些宣传手段吸引更多的学生参加YM集团的网申。"新人C首先提出一个建议。

"嗯，我们还可以将YM集团的一些产品，像洗面奶、洗发水之类的带去宣讲会现场作为奖品，不仅会吸引学生来参加宣讲，而且也对公司的产品做了一次宣传。"新人D接着说，"而且我觉得应该从每个部门选出一些有激情、讲话有影响力和鼓动性的主管参加宣讲会，增强学生们对YM集团工作的向往。"

Simon开口说："刚刚大家提的意见都很好，对宣传进行改善不仅可以吸引更多优秀的学生参加YM集团的校园招聘，还可以提高YM集团的知名度。但是有一点大家要注意，宣讲会不是广告会，如果过分渲染、夸大事实，即使吸引来了很多应聘者，他们进入YM集团后也会产生落差感，不能长期在YM集团发展下去。同时，更多的应聘者意味着人力资源部筛选的工作量也会增大，需要花费更多的人力物力才能筛选出YM集团需要的人才。"

Simon继续说："我们要把宣讲会当作招聘筛选流程中的第一道关，尽可能真实全面地展现YM集团，这样至少可以保证参加网申的学生都是了解YM集团的学生，而不仅仅是被绚丽的宣传吸引的学生。"

如何提高签约率？

Simon话锋一转，说："我了解了去年校园招聘的情况后，觉得最大的问题出现在签约率上。去年七大岗位一共拟招聘222人，我们在整个校招环节中发出了300个offer（录用通知），最终签约并入职的只有128人，签约率为 30% 多一点，这个数字是我不能接受的。今年的七大岗位的招聘需求量与去年差不多，为 226 人，如果今年还保持着去年的签约率，想要完成这个计划是不可能的。"（见图 2-1）

"一般企业的签约率都会在 60% 以上，一些知名企业的签约率更是高达 80% 以上，签约率低会产生很多负面影响，比如打乱人力资源部的招聘计划、浪费人力物力等。我刚提到宣讲会要尽量务实，也是出于这个考虑，将那些摇摆不定的、意愿不强烈的应聘者在源头处就排除掉，尽量提高签约率。大家对于提高签约率这个问题上还有什么好的建议，可以提出来？"Simon 征求大家的意见。

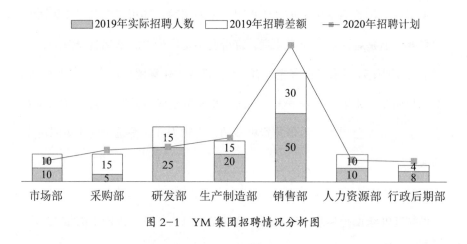

图 2-1　YM 集团招聘情况分析图

麦可可说："我觉得可以借鉴浦口厂降低一线技工流失率项目的经验，引入在线测评工具帮助我们进行校园招聘，提高签约率。但是这次校园招聘从岗位和应聘人员上来说与浦口厂的招聘有很大区别，浦口厂的问题主要是人员稳定性的问题，而这次的校园招聘是为七大岗位序列提供新鲜血液，应届生具有很强的学习能力和可塑性，所以招聘的要求就不仅是要保证人员的稳定性，还要确保招聘到的人符合 YM 集团未来发展战略的需求，可以胜任岗位工作。"

Simon 说："据了解，好多国内外知名企业像宝洁、GE 在校园招聘过程中都会使用测评工具进行筛选，这样可以大大降低招聘的工作量，同时也可以提高招聘筛选的效率。我们这次校招也可以尝试引入测评工具，但是现在市场上的测评工具众多，质量良莠不齐，我们在选择测评工具时需要慎重。这件事情就交给招聘部来跟进吧。"

第二节　借助测评倍增签约率

YM 集团公开招标

于是，YM 集团在官网上贴出了公开招标书，选择在这次校园招聘过程中的测评产品供应商。

麦可可联系王明，说："我们 YM 集团总部将在 9 月开始全国范围内的校园招聘，想了解一下你们公司有没有适用的测评工具啊？"

"我们有很多用于校园招聘的测评产品，你们希望利用测评工具来解决招聘中遇到的什么问题呢？"王明问。

麦可可说："我们上次开会，总结了之前校园招聘中遇到的一些问题和挑战，归纳起来主要表现在两个方面：第一，校园招聘的时间紧、任务重，去年的校招任务完成得不好；第二，offer 的签约率太低，去年才 30%

左右，招聘效率太低，浪费了人力物力。"

"你们每年的招聘量是多少？应聘人数有多少？"王明问。

"今年七个岗位加起来一共要招 226 人，应聘人数按照往年的经验大概在 8 000 人。"麦可可回答。

"那你们往年的招聘中是用什么方法筛选的呢？"王明继续问。

麦可可回答："我们的校园招聘主要通过网申、笔试、初面、终面四个环节进行筛选，每个阶段有一定的筛选比例。"（见表 2-1）

表 2-1　YM 集团 2019 年招聘筛选比例表

	简历筛选	笔试	初面	终面
进入人数	8 000	4 000	1 000	500
通过人数	4 000	1 000	500	300
通过率	50%	25%	50%	60%

麦可可继续说："笔试是对应聘者的专业知识进行考察。初面是由人力资源部进行，会对应聘者进行更深入的了解。终面会在广州总部进行，由各部门的主管领导与人力资源部对应聘者进行最后一轮的考察。大部分的应聘者会在笔试和初面环节被淘汰，而我们人力资源部在招聘中大部分的工作量也会集中在这两个环节。"

王明说："YM 集团的情况我大致了解了，其实无非是两个问题：一个是效率，另一个是精确性。效率是指如何快速地对大批量的应聘者进行筛选，精确性是指如何招聘到适合 YM 集团的人才，提高签约率。我们 TB 公司有一个专门针对校园招聘的产品，可以提高 YM 集团校园招聘的效率与精确性。"

"那你们这个产品主要是通过哪几个方面来对应届生进行测评的呢？"麦可可问。

"校招测评主要考察三个方面：积极心态、认知能力和职业价值观。积极心态指的是个性特质方面的内容，比如自信心、主动性等；认知能力指的是人对事物的基本认识能力，如言语理解、逻辑能力等；而职业价值观相信你已经比较熟悉了，我们在浦口厂员工流失率项目中主要就是通过对员工的职业价值观进行考察来确保应聘者与企业环境的匹配性，从而提高人员的稳定性。这次如果用在校园招聘中，同样可以提高你们的签约率。"

"我还有一个问题，你刚提到的积极心态主要是对个人个性特质方面进行考察，但是按照我个人的理解，不同岗位的人需要的个性特质应该是不同的，比如销售人员就需要主动、自信，而财务人员可能就不太需要这些方面的特质，而是需要细致、尽责。你们的测评产品会根据不同的岗位设计不同的考察内容吗？"

"我们的测评产品有两种。一种是标准化的产品，是我们根据理论与实践经验总结出来的各个岗位的素质要求，为每个岗位设置了不同的测评指标，使测评更有针对性。我们共有技术研发、销售、财务、客服、生产、人力资源、市场和行政这八大岗位的标准产品，基本可以满足企业的需要。另一种是定制化产品，我们会与企业内部人员合作，选择配置不同岗位需要测评的模型。根据这个模型配置相应的题目，实现针对岗位的测评。"

麦可可说："嗯，了解。那你们测评题目是什么形式的？题库有多大，因为我们这次会在全国范围内进行招聘，会不会出现题目曝光度太高的情况？"

"我们的题目有两种类型。第一类是用心理测评技术开发的经典心理量表，积极心态和职业价值观都是通过心理量表进行考察的。这些量表是经过长时间的研发、试测与信效度检验而形成的，这类题目主要考察的是人的个性素质、价值观，看其是否与企业或工作岗位匹配，题目答案没有对错之分，所以不必担心题目曝光度高了之后会对测评结果有影响。第二类是认知能力类的题目，主要考察应聘者语言、逻辑等智力方面的内容，是对应届生的门槛性要求。这类题目我们有一个庞大的题库，里面的题目也会定期更新，每个测试者的题目都是从题库中随机抽取而形成的。这类题目的答案是有正确、错误的明显划分，所以我们定期更新与随机抽题相结合的模式，可以有效防止题目曝光度过高。"

听完王明的介绍，麦可可又问了几个关于项目周期、大概费用方面的问题，最后说："这次校招我们非常重视，用公开招标的形式来确定最终的测评供应商，所以还要麻烦你准备一份详细的方案书。"

经过两轮的前期沟通，入围最后一轮投标会的有三家公司，分别是TB公司、DC和EV，DC和EV都是外资的咨询公司，凭着知名度和专业性入围最后的投标名单，而TB公司则是因为在浦口厂项目上的成功表现得到了YM集团的青睐。

快速高效，精准定位

投标会当天，TB公司第三个入场，YM集团有4个人出席，分别是人力资源总监Simon、麦可可和新人C、新人D。TB公司有3名顾问前来投标，分别是李睿、王明、顾问新人A，由李睿主讲投标方案。

双方自我介绍后，李睿开始进入正题：

"根据前期与YM集团的沟通，我们根据自己对YM集团本次需求的理解，推荐YM集团使用应届生招聘测评产品进行校园招聘。主要从以下两个方面帮助YM集团进行校园招聘。

"第一，提升招聘的效率，降低招聘成本。我们建议将YM集团校园招聘的五个环节做调整。

图2-2　YM集团2020年校园招聘流程调整图

"YM集团原先的招聘流程分为两个阶段五个环节，主要的工作量集中在第二阶段。每个城市要在两天内完成笔试与初面两个环节，工作量是很大的，而且每个城市都需要去两次，一次宣讲，另一次笔试和面试。加入测评环节后，将取消原流程的现场笔试环节。在网申之后对通过简历筛选的应聘者发送测评账号进行测评，这样将宣讲会和面试合为一个环节，每个城市一次搞定，可以大大降低招聘成本，并且省去了组织笔试需要的人力物力成本。

"第二，提升人员招聘的精确性，以便YM集团招聘到优秀且合适的人才。

"TB公司的测评产品是基于为企业甄选出可持续高绩效的人才这一目的而研发设计的，具体到校招测评产品，考虑到应届生的实际情况与可塑性，我们将弱化对他们实际工作能力的考察，而重点考察他们的潜力（即可持续性），主要包括以下三个模块的测评。

"基本认知能力,指的一个人对事物的认识能力,包括言语理解、判断推理、数量关系和资料分析四个维度,这些能力是应届生进入职场、适应工作环境必备的门槛性要求。

"工作价值观,指的是一个人在择业过程中看重的工作可以提供给他的各方面的价值,如果个人看重的价值企业可以大部分满足,那么这个人在企业中长期稳定发展的可能性就很大。选择工作价值观与YM集团匹配的应届生,将会降低未来员工的流失率。这一模块的测评在YM集团浦口厂项目中取得了较好的效果,有效地降低了浦口厂新员工的流失率。

"积极心态,是人心理层面的一些特质,是人持续工作的动力性因素。具备积极心态的人更可能在未来的工作中持续表现出积极的行为。TB公司在本项目中将采用能力卡片法梳理出YM集团七大岗位序列所需要的积极心态指标,作为不同序列测评产品的测评维度。

"通过对以上三个模块的测评可以得到三个测评结果,根据这三个结果我们会设置三层漏斗对应聘者进行筛选。

"第一层漏斗是对认知能力通过划定合格线的形式进行劣汰,总分低于5分或两个子维度低于3分的应聘者直接淘汰,不进入下一轮筛选;通过劣汰漏斗的应聘者进入择优漏斗,第二层漏斗我们将对应聘者的积极心态测评结果进行排序,由高分到低分进行录取,根据企业的实际招聘量确定录取人数,一般建议择优录取的人数与最终招聘人数的比例为5:1;最后一层漏斗是参考漏斗,我们会通过内部员工试测来确定YM集团内部价值观标准,将应聘者的测评结果与其进行匹配,淘汰匹配度低的应聘者,这一层漏斗在浦口厂的一线技工招聘中也应用过。

"具备一定水平的认知能力、价值观与企业匹配并且拥有积极心态是我们对高潜力应届生的定义，通过这三层漏斗的筛选，可以精确地为YM集团识别高潜力的应届生。"

听完李睿的介绍，麦可可问："李顾问刚说到会用能力卡片法为我们梳理各个岗位的模型，这大概需要多长的周期呢？"

李睿回答："是这样的，我们为企业提供可灵活配置的测评产品，主要有以下四个步骤：选择测评模块、指标配置、内部试测、产品上线（见表2-2）。整个过程可以在一周之内完成，其中在指标配置阶段需要YM集团内部人员与我们共同配合完成。"

表2-2 YM集团校园招聘测评产品定制化开发计划表

	选择测评模块 （1天）	指标配置 （2天）	内部试测 （1天）	产品上线 （1天）
关键步骤	与YM集团前期沟通，根据招聘需要确定测评模块	通过能力卡片法，与YM集团内部人员合作构建各岗位的测评指标	匹配测评题本；内部试测：对题本提供反馈意见	将最终确定的题目录入系统；IT对系统进行配置完善
交付成果	测评模块组合	七大岗位测评模板	题本与试测系统	自动生成测评账号和测评报告的测评系统

"第一，选择测评模块。根据YM集团校园招聘的需求，我们为YM集团选择了以下三个测评模块（见表2-3）。

表2-3 YM集团校园招聘测评模块

测评模块	使用范围	模块子维度
基本认知能力	适用于应届生与社会专业人员，其测评结果可在大批量招聘过程中作为初筛的依据	言语理解、判断推理、数量关系、资料分析

（续表）

测评模块	使用范围	模块子维度
工作价值观	适用于所有层级，考察受测者与组织价值观的匹配，一般作为组织全员的共性要求	声望因素（社会地位/职位晋升） 保障因素（薪酬福利/工作稳定/人际关系/轻松舒适） 发展因素（培训学习/独立自主/自我实现）
积极心态	适合所有层级，各岗位序列的素质要求	根据模型构建步骤确定子维度

"第二，指标配置。我们将结合企业的实际情况，利用访谈法与能力卡片的方式为各个岗位序列配置测评指标。

"访谈法，指的是通过访谈梳理的岗位关键绩效领域，关注未来战略对岗位所提出的挑战，从而提炼要应对这些挑战的岗位人员所需要的能力素质要求。通过关键绩效领域的推导，确保我们构建的所有能力都直指业绩目标的达成，真正弄清楚'高业绩的 DNA'。表 2-4 是后勤支持序列的访谈流程样例。"

表 2-4 访谈法流程样例

目标岗位：后勤支持序列			
关键绩效领域	可能面临挑战	应对挑战的关键策略	能力指标
为公司高效运转提供完备支持	制度不能得到员工认同，执行不力/执行弱化	加强在推进制度时的事前规划，预计可能产生的困难；在推进过程中采用策略性的沟通方式来提升推进效果	统筹规划；影响力
	突发事件的处理导致行程推后/事务过多，时间冲突	制定突发事件紧急预案；高效管理时间，同时推进多项任务	危机预防；多项任务管理

"能力卡片排序,指的是将访谈法梳理出的能力指标对应于 TB 公司的指标库,通过能力卡片将能力进行重要程度排序,综合统计分析卡片结果,确定不同岗位序列的关键指标。

"通过这种方式梳理的岗位关键指标,对未来员工在岗位上产生高绩效有着很强的预测作用。

"在指标梳理阶段,我们将访谈七大岗位序列的主管与绩优员工,需要 YM 集团安排相应人员参与访谈和指标配置过程,每个序列大概需要 10~15 人。"李睿说,"之后的题本开发与产品上线就大部分是我们 TB 公司在后台的工作了,需要 YM 集团配合的就是参加产品试测,对题目提出意见。这就是整个项目的流程,大家还有什么问题吗?"

Simon 开口问:"我对李顾问刚才介绍的这种指标配置的方法很感兴趣,特别是用能力卡片进行分类排序的方法确定各岗位的测评指标,这种方法有什么特别之处吗?"

李睿说:"能力卡片法是 TB 公司独创的一种岗位测评指标配置的方法。它有两个优点。第一,快速。使用这种方法,YM 集团七大岗位的测评指标配置完成只需要两天时间,而如果使用传统的素质模型构建方法,每个模型至少要一个月时间。YM 集团七大岗位序列,就算同时并行四个岗位的建模也需要两个月的时间,所以使用传统方法即使建出了七大岗位的模型,也赶不上今年的校园招聘。第二,性价比高。能力卡片法进行指标配置的时间与人力成本都明显低于传统建模方法,但是它的精确性却与传统建模法相差无几。

李睿继续说:"其实,建模的本来目的是为企业梳理出能在目标岗位上产生高绩效的人需要具备的素质。我们 TB 公司的顾问对素质指标很熟悉，企业内部的人又对岗位的特性很熟悉，因而能力卡片法的精髓在于通过访谈法，统一企业内部人员和 TB 公司顾问对测评指标的理解，让企业自己的人对素质指标进行排序，选择出对目标岗位最重要的素质指标，从而保证测评的精确性。"

Simon 问："这个能力卡片法我们自己内部人员可以操作吗？"

"一开始需要我们 TB 公司的顾问与 YM 集团内部人员共同完成。能力卡片法的关键在于统一 YM 集团内部人员对指标含义的理解，这样才能真正梳理出各个岗位需要的测评指标。而我们 TB 公司的顾问就起到统一标准的作用，大家对指标含义的理解都来源于我们顾问的传达。"李睿继续说，"当然，能力卡片法还有一个优势在于可传递性，因为这个方法非常标准化，操作简单，YM 集团人力资源部的人员可以观察我们的顾问操作几次，加深对指标含义的理解，之后就可以自己操作了。"

Simon 听后频频点头，说："TB 公司的整个解决方案我听下来觉得很专业，并不比另外两家外资公司逊色，这个能力卡片法也让我们有眼前一亮的感觉，而且之前我们也在浦口厂的项目上进行过成功的合作，彼此比较了解。这次非常感谢几位顾问准备的精彩方案，我们招标小组还需要对你们三家进行最终的讨论，有了结果我们会尽快通知你们的。"

测评 × 档案之八：能力卡片法

一、指标配置

以 Q 分类法强制将指标按重要性排序，分析不同参与人员对每个指标重要性的判断，确定该指标重要性程度，选择重要性程度高的指标作为该岗位序列的关键指标。

1. 指标分组。

让参与者将所有指标（25个）分成重要（8个）、一般（10个）、不重要（7个）三组，如表2-5所示。

表2-5 指标分组情况

重要指标	主动、自信、进取、灵活、抗压、学习、说服引导、沟通
一般指标	合作、服务意识、亲和、洞察力、尽责、诚信、稳定、关注细节、影响力、计划
不重要指标	决策、结果导向、洞察力、坚韧、专家导向、培养他人、统筹规划

2. 组内排序（见图2-3）。

● 重要组的8个指标按照其重要性分为4个等级，其中第一级1个指标、第二级1个指标、第三级2个指标、第四级4个指标。

● 一般组的10个指标中按照其重要性分为2个等级，其中第一级5个指标、第二级5个指标。

● 不重要组的7个指标中按照其重要性分为3个等级，其中第一级4个指标、第二级2个指标、第三级1个指标。

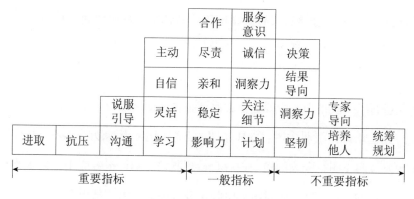

图2-3 指标组内排序图

3. 参与人员确认建模结果。

二、数据分析

统计所有参与建模人员的建模结果，分析各个指标的重要性得分，重要性得分高的指标即为该岗位的测评指标，参考表2-6。

表2-6 参与建模人员各项指标分析

参与建模人员	进取	抗压	沟通	学习	影响力	计划	统筹规划
市场主管A	10	9	8	7	6	5	1
市场专员B	9	8	5	7	10	2	1
市场专员C	7	5	8	4	7	4	2
市场专员D	10	5	4	6	5	2	1
平均分	9	6.75	6.25	6	7	3.25	1.25
是否纳入模型	是	是	是	是	是	否	否

倍增签约率，人才测评成功助力校园招聘

最终，YM集团确定这次的校园招聘测评产品的供应商为TB公司，TB公司的王明担任这次YM集团校招产品开发项目的经理，整个产品配置过程很顺利。在9月初YM集团网申开始之前，产品成功上线。

网申和在线测评环节结束后，TB公司对YM集团人力资源部的全体人员进行了一次培训，主要是讲解测评报告的应用。

这次培训由王明主讲："YM集团的各位同事，大家好！我是TB公司的研发顾问王明，今天的培训内容是校招测评的测评报告应用。它主要有两个方面的应用：第一是利用三层漏斗进行筛选，第二是根据应聘者在各

个指标上的得分针对性地进行面试提问。"

1. 三层漏斗的应用。

王明将校招测评的三个模块及子维度的含义、如何应用三层漏斗进行筛选的原理介绍了一番,然后进入测评结果应用的实操阶段。王明让大家看这次 YM 集团校园招聘测评的总数据表。

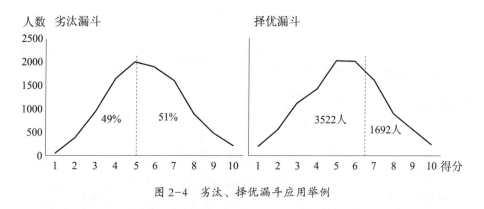

图 2-4 劣汰、择优漏斗应用举例

第一层漏斗:劣汰漏斗——以基本认知能力总分为筛选依据,低于 5 分的应聘者直接淘汰。根据 YM 集团这次的测评数据,共有 10 130 人参与了校招的测评,认知能力的得分—人数分布如图 2-4 所示,以 5 分为合格线,将会淘汰掉 49% 的应聘者。

第二层漏斗:择优漏斗——将剩下的 5 114 个应聘者的积极心态分数从高到低进行排序,取前 1 500 名应聘者进入初面环节。

"这就是我们根据测评结果为 YM 集团确定的初面人员名单。"王明总结。

"那参考漏斗呢?"麦可可参加了投标会,知道有三层漏斗,现在用了两层就把人员名单给确定出来了,所以她很疑惑。

"别急,这个参考漏斗说的是工作价值观的匹配指数,之所以称它为参考漏斗,就是说它主要起参考作用,这不是说它不重要,而是因为它太重要了,所以不能仅仅靠在线测评的结果就判断一个人的价值观与YM集团是否匹配。这个漏斗的参考价值在于为面试提供参考意见。"王明说完在屏幕上投影出一幅价值观测评结果示意图(见图2-5),让大家对这名叫凌燕的应聘者是否适合YM集团进行讨论。"

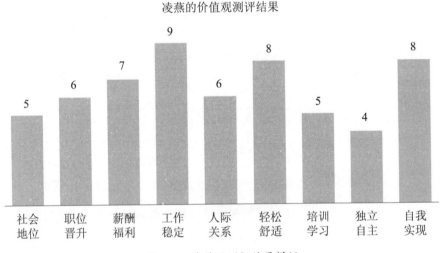

图2-5 价值观测评结果样例

新人C说:"凌燕的价值观测评结果显示她在选择一份工作时最看重的因素是工作稳定、轻松舒适和自我实现。YM集团是一个快速发展的企业,可以提供较多的声望因素与发展因素,凌燕的价值观诉求主要集中在保障因素,从这一点上来说她和YM集团是不匹配的。"

麦可可却有不同意见,说:"女生一般都更看重工作的稳定性,这点可以理解,从面试的表现来看,她是个很优秀的毕业生,应该给她一个进入下一轮的机会,而且她的价值观诉求最高的三项中还有一项自我实现,这一点和 YM 集团的企业价值观是很符合的，YM 集团会为每一位员工提供非常多的机会实现自己的价值。"

王明总结道："两位说得都有道理，其实 YM 集团这次的招聘很注重签约率的提升，这就是参考漏斗所起的作用。各位可以在初面环节中针对那些通过了前两层漏斗但是价值观匹配指数偏低的应聘者进行提问，重点关注应聘者的择业观念和职业发展规划，从而确定他们与 YM 集团企业环境的匹配性。筛选出匹配度更高的应聘者，将对提高签约率起到至关重要的作用。"

2. 根据测评结果进行针对性面试提问。

王明说："校招测评的测评报告会列出应聘者在每个测评指标上的得分，并根据得分的高低给出详细的描述。"

王明在屏幕上投影出一份测评报告（见表 2-7）。

表 2-7 校招测评指标

顺其自然，做事心态平和，不过分强求，不重视成效	进取									不满足现状，追求卓越，自我实现意识强，渴望挑战并获得成功
	1	2	**3**	4	5	6	7	8	9	10	
谦虚谨慎，过多地关注自己的不足，对他人依赖性强，显得自信心不足	自信									相信自己有能力实现既定目标，对自己有积极肯定的评价
	1	2	3	4	5	**6**	7	8	9	10	
回避压力，遇到挫折容易灰心，不太善于压力调适	抗压									能灵活应对生活中的各种挫折，不易受挫折干扰
	1	2	3	4	5	6	7	**8**	9	10	
求知欲望不强，对新知识新技术的学习愿望不强	学习									有强烈的求知欲望，勤于学习，善于积累知识和经验
	1	2	3	4	5	**6**	7	8	9	10	

（续表）

做事情按部就班，喜欢有固定程序的工作，适应环境的能力较弱	灵活										面对意外事件能够随机应变，迅速找到合适的方法加以解决
	1	2	3	4	5	6	7	8	9	10	
不会主动去争取机会，习惯于被动等待，不贸然行事	主动										积极主动地寻求工作和表现机会，自觉投入工作、付诸行动
	1	2	3	4	5	6	7	8	9	10	

王明开始讲解："这是一份应聘 YM 集团销售岗位的应届生报告，而且这位同学通过了三层漏斗，将会进入初面环节。他在进取和灵活两个指标上的得分是较低的，我们称这两个指标为待发展素质，而这两个指标对销售岗位来说是非常重要的，所以需要在面试的环节就这两项素质对这位同学进行进一步考察。我们的测评报告最后也会对这些低分的指标提供面试建议，为各位在面试中提供参考。"

表 2-8 是校招测评的测评报告对一些低分的指标提供的面试建议，仅供参考。

表 2-8　校招测评面试建议样例

进取：
1. 请列举一件你不断挑战自我、追求卓越的事例，当时的情形如何？你是怎么做的？结果如何？
2. 请谈谈你在日常生活中和工作中是如何保持进取精神的？
灵活：
1. 你们团队的工作重心或任务发生改变时，你不得不很快地调整以适应变化。请举一个这方面的例子，你是如何调整的，结果如何？
2. 请说一个你经历的令你措手不及的突发事件？你当时是怎么处理的？

经过这次培训，YM 集团人力资源部对校招测评的应用有了更进一步的认识。在校园行的面试中，人力资源部根据测评报告的结果进行针对性

的提问，重点考察应聘者的价值观与待发展素质，有效地提高了面试的鉴别力。通过使用校招测评，YM集团不仅圆满完成了2020年的招聘任务，而且签约率显著提高，从2019年的33%上升到了95%。经过这次的校园招聘，人力资源部不仅受到各部门的好评，还受到了李腾飞的表扬。

小结　校园招聘在线测评产品解决方案

● 在线测评模块确定——根据应届生可塑性较强的特点，建议重点考察潜力类模块。

基本认知能力：个人在工作过程中必须具备的对事物的认识能力。

积极心态：个人正面看问题，乐观对待人生，乐观地接受挑战和应对挫折的心理素质。

工作价值观：个人选择一份工作时所要追求及关注的方方面面。

● 岗位测评指标配置——利用能力卡片法结合访谈为各个岗位进行指标配置。

能力卡片法：统一企业内部人员与咨询公司顾问对能力指标含义的理解，利用卡片排序法，快速高效地为企业梳理出各个岗位的测评指标。

访谈法：通过访谈企业内部人员确定目标岗位的关键绩效领域，继而推导出可能面临的挑战，根据应对挑战的策略归纳出目标岗位需要的能力指标。

● 测评结果应用——三层漏斗进行校园招聘初筛。

劣汰漏斗：利用基本认知能力的测评结果进行筛选，设定合格线，低于合格线的应聘者直接淘汰。

择优漏斗：利用积极心态测评结果进行筛选，从高分到低分进行排序，依次录取。

参考漏斗：参考工作价值观测评结果看应聘者的价值诉求能否在企业中得到满足，对应聘者是否会在企业长期稳定地发展提供参考意见。

03
正确应用 360，从绩效评估到能力发展

03 正确应用360，从绩效评估到能力发展

　　一线技工流失率和校园招聘问题的顺利解决，使李腾飞对人力资源部的工作大为赞赏，一连在好几次会议上点名表扬。这下Simon也意气风发，希望让人力资源部在集团里发挥更大的作用。

　　Simon对人力资源部的工作详细盘点后，认为集团内传统的绩效评估方式需要改良。就目前而言，业务部门采用销售额这样的结果指标来评估，职能部门采用上级评价的方式，Simon认为这些考核指标都过于单一，无法全面真实地反映员工绩效结果。他回忆起还在国外读MBA时，学习过很多国际大型企业采取的全面绩效评估方式，他们引入360°反馈技术（简称"360"），让被评估者的上级、下属、同事、客户及他自己来共同评价，将360的评估结果作为绩效表现结果的一部分，这样就能给被评估者提供更为全面、公正的反馈。因此，Simon也考虑将这种做法引入YM集团内部，以帮助企业员工更全面地认识自身的绩效结果。

测评 × 档案之九：360°反馈评估是什么？

　　360°反馈评估，简称"360评估"，是指用360°反馈技术进行评估。360°反馈（360-degree Feedback），也称为全视角考评（full-circle appraisal）和多个考评者考评（multi-rater assessment）。它是由被考评者的上司、同事、下属和（或）客户（包括内部、外部客户）以及被考评者本人担任考评者，从多个角度对被考评者进行360°的全方位评估，

再通过反馈程序，达到改变行为、提高绩效等目的。360°绩效评估在国内也称为360°绩效反馈评价、全方位反馈评价或者多源反馈评价等。

这种方法的出发点就是扩大考评者的范围与类型，从不同层次的人员中收集考评信息，从多个视角对员工进行综合考评，然后，由人力资源部门或者外部专业人员根据有关人员对被考评者的评价，对比被考评者的自我评价向被考评者提供反馈，以帮助被考评者提高其能力和业绩。

这种方法的目的是达到有效的考评，从所有可能的渠道收集信息，获取组织成员的相关评价，集中各种信息，使考评结果公正而且全面。因此，它与传统的自上而下考评的本质区别就是其信息来源具有多样性，从而保证了考评的准确性、客观性和全面性。

第一节　水土不服的360

更新绩效评估体系——新增360评估

说干就干，Simon准备了一份详细的材料，找李腾飞沟通绩效评估方式改善的问题。李腾飞听完他的介绍，虽然也十分感兴趣，但还是有不小的担忧："Simon，绩效评估过去采用单一的结果指标来衡量，确实是不够全面，但改革牵涉极广，我怕项目实施的风险太大，会有很多人阻挠。"

Simon："李总，任何一项绩效改革的措施都会在一部分人心里产生一定的负面认知，不可避免地会给项目实施带来一定的风险和阻挠，但只要正确引导，并且科学借鉴国外的成功经验，就可以成熟地应对这些突发状况。"

接着，Simon 将 JJABT 公司（Johnson & Johnson Advanced Behavioral Technology，强生高级行为技术公司）的案例向李腾飞做了详细说明，并沟通了下一步的实施策略以及如何利用现有的经验。

科罗拉多州丹佛市的 JJABT 公司已经建立了新的 360°绩效考评系统。公司的员工列出了与其交往的关键的内部和外部客户，并从中推选出 5～10 名组成绩效考评者群体。公司的 360°绩效评估表包括以下各项：

- 员工是否在解决问题、做出决定和满足客户需求时具有时间观念？
- 员工是否清晰表达其需求／期望？
- 员工是否与其他员工共享信息或帮助他人？
- 员工是否倾听其他员工的建议？
- 员工是否为满足未来需求而制订计划？
- 员工是否按计划执行任务？

考评者按照 1（需要提高）～5（非常优秀）的评定等级，对员工的上述项目进行评级。

根据公司的经验，反馈不能仅仅看其表面价值。比如，当考评者给出极高或极低的绩效评价结果时，必须要引起高度注意。JJABT 公司的经理人员认为，关键是要找出数据的变化趋势或模式。如果考评者的反馈信息比较模糊或存在问题，那么，经理人员可以要求同一个考评者或其他考评者给出附加的反馈信息。经理人员在总结了全部数据之后，就可以安排正式的反馈面谈了。为了确保公正，考评者可以选择对他所提供的反馈信息公开或匿名。如果考评者要求对他所提供的信息匿名，那么经理人员在反馈面谈时必须确保这一点。如果考评者愿意公开他的考评信息，经理人员则可以在反馈面谈时引用考评者的反馈信息。

通过这一方式，公司期望360°绩效考评不仅是一个考评工具，更是一个促进交流、提高员工自身发展和改进工作的综合体系。

李腾飞听完Simon的案例分享，又详细询问了具体的操作步骤后，终于拍板："很好，这项工作对我们的绩效评估和企业发展有着重大意义，这件事就交由你推进吧。"

怨声载道的绩效考核结果

Simon得到李腾飞的许可，随后就开始在集团内部风风火火地进行了一场绩效评估的改革，一方面租用了第三方公司的360调查系统，另一方面开始和各个部门主管沟通360评估的具体内容，一切看起来似乎都在有序地推进中。

这天，李腾飞将Simon叫进办公室，取出各部门员工对新的绩效评估方式的反馈意见，说："Simon，这次绩效评估改革的反馈结果很不好，有相当一部分员工反映，结果很不公平，无法体现他们实际的业绩，甚至都有人为此写匿名信了。你赶紧查查，到底出了什么问题？"

Simon拿着反馈意见的汇总报告回到办公室，仔细翻看一番，发现对此次绩效评估改革持反对意见的员工超过总数的30%，反馈的牵涉范围较广。于是，Simon紧急召开人力资源部门会议，成立了专门的调查小组，深入各部门调查员工对这次绩效评估改革的真实意见。

在Simon深入确认反馈意见时，发现了许多隐性问题。销售部的老王是这么跟他说的:"单看结果,我一向都是部门内的销售冠军,可这次绩效评估结果,进来不久的小李的得分居然比我还高,看来你们这次绩效考核好像只照顾那些平时油嘴滑舌、妥善处理人际关系的人。"

Simon 带着几个下属对这一次的反馈结果进行了梳理,发现大多数员工均反映了同一个问题:这次绩效考核改革反对声最大的来自高业绩水平员工,许多人因为 360 评估分数较低,而导致其整体绩效考核分数被拉低。

对此,Simon 很是困惑,自己在国外时学习过很多使用 360 评估的案例,这些企业在采用 360 之后都取得了良好的效果,带来了企业业绩的增长和组织氛围的优化。为什么 YM 集团将 360° 用于绩效考核会出现这样的问题?

YM 集团的问题出在哪儿?

这次绩效改革到底出了什么问题?Simon 想起了 TB 公司的顾问李睿,于是他详细地将 YM 集团实施 360 进行绩效评估过程中遇到的各种问题向李睿咨询了一番。

"将 360 用于绩效考核,很可能是这次负面反馈的根源。"李睿说道。

"就我们传统认为的绩效结果和 360 结果是不能一概而论的,虽然这种多源反馈技术考虑了不同角色的评价观点,但将 360 用于绩效考核,在国内企业文化环境中是有极大风险的。这主要源于我们在应用 360 时,对一个问题缺乏深入考虑,即多源反馈的汇总结果一定是客观情况的呈现吗?如果 360 缺乏引导,结果存在过于主观的问题,那么所谓的考核也就沦为一个形式,对员工并无激励效果,反而引起他们对公平性的怀疑。"李睿继续说道。

"你的意思是，360不可以用于绩效考核？"Simon似乎觉得这样的一个定论违背自己的常识。

李睿："是的。你回想一下，两个部门的360评估分数，是不是没有任何意义，不能对员工进行正确绩效评价。而且，业绩和360评估的结果居然呈现了反比。这个考核是不是就只是一个形式，没有任何实质性的意义了呢？而从你对员工访谈的结果也可以看出，员工们参与360的心态是明显存在问题的，不负责任、通过拉关系的员工获得好分数，这样的评价人评出的分数怎么可以使用呢？360的结果自然就成了一堆废纸，毫无意义。"

"可是，为什么会出现这种情况呢？从我之前接受的教育和搜寻的相关材料，很多国外的大公司对360用于绩效考核都给予了很高的评价，甚至将360作为一个重要绩效考核工具。"Simon很赞同李睿的分析，但是，众多成功的案例依然让他不能接受YM集团360绩效考核试点失败的状况。

原来360不能这么用

"Simon，国外的很多公司都将360用于员工的绩效考核，好像在大家的观念中，360=绩效评估。这是非常错误的观念。在国内大多数企业中，这是一个不等式。"李睿继续耐心地说着。

"你的意思是说，国内的公司不适合将360用于绩效考核，对吗？"Simon问道。

"是的，你理解得不错。这就是我们常说的'水土不服'"。李睿解释着。

"造成水土不服的原因是什么呢？"Simon问道。

李睿继续往下讲："对于国内的企业来说，权力在管理活动中具有重要的影响力，员工对上级和权威的态度多为敬畏。在这种氛围下，员工很可能因为惧怕权威，而给上级较高的评价。同时，由于权力的无形压力，下级不敢得罪上级，怕影响自己的前途，可能会昧着良心说好话，造成反馈信息的失真。"

"是的,确实是有这个问题,员工普遍反映给予上级的都是高分。"Simon不由得回想起访谈中员工们反映的问题。

李睿说:"一些人对不确定性的回避趋向较高,知足常乐、随遇而安、见好就收的价值观念在这些人中占主导地位,在管理过程中主要表现为因循守旧、惧怕竞争、墨守成规、害怕变革等,这与360所需的高度开放性和互动性文化环境相距甚远。360是一个多向评价系统,它涉及对传统的绩效评价系统进行重大变革,其中一个突出的改变就是上级必须接受下级的考评,这可能会使上级感到自己的权威受到挑战而对其产生抵触情绪。由于360的实施离不开各部门管理人员的支持,而各级管理层中的一些人员害怕变革的心理是360失败的一个重要原因。"管理者惧怕变革,将会对未来企业的发展造成巨大的影响,李睿心想,这是一个亟待改善的状况。

李睿继续说:"同时,中国文化重视人和,强调集体主义精神,注重人与人之间的和谐关系,极力避免冲突,一些员工对此理解有偏颇,因此在参与360时,会从关系的角度考虑问题,尽可能地避免损害相互之间的关系,认为自己既是考评人,又是被考评人,没有必要为难别人,与人方便就是与己方便,从而高抬贵手,导致评价偏差。"

"这是我在访谈过程中发现被反映得最多的问题。"Simon说。

李睿说:"无数的实践证明,一般情况下,当考评用于不同目的时,同一考评者对同一被考评者的评价会不一样;反过来,同样的被考评者对同样的评价也会有不同的反应。"

"当360评估主要是为员工的发展服务时,考评者所作出的评价会较客观和公正,被考评者也会愿意接受考评的结果;而当360评估的主要目的是绩效考核时,考评者大概率上会考虑个人利益得失,所作的评价相对来说就会有失客观、公正;而被考评者也会怀疑考评者评价的准确性与公正性。在这种情况下进行360评估,其效果可想而知。"

"我明白了。我们公司出现的问题,完全是把360这个工具用错了地方。"Simon感慨道。

"是的,我跟你分享一个国内企业运用360的失败案例。"李睿说道。接下来李睿详细地向Simon讲述了A公司的案例。

A公司一直以产品快速占领市场为宗旨,大打品牌广告,在一线城市大范围地展开铺货,销售在公司整体决策中占有决定地位,所有生产、研发、财务都服务于销售。经过5年的发展,公司在业内有了一定知名度,部分产品市场占有率遥遥领先。市场做大了,公司人员急剧增加,前期一直隐藏的管理问题一下就凸显出来了。

为了获得公司业绩的可持续发展,2020年公司决定引入360,严格按照360评估程序对公司员工进行考核,并通过与咨询公司合作,展开薪酬项目合作,厘清所有职位员工的工作职责说明书,将员工工作职责以书面形式明确下来。

按照一年一次的标准,由公司各部门严格按照360流程进行,年度考核结果作为员工调薪、晋升、淘汰的直接依据。虽然人力资源部花费大量时间与各部门进行沟通、培训、统计，但结果却让人大吃一惊，基本所有部门除了事先就通过各种途径透露出想要离开的员工外，其他员工考核结果全部为良好，从各部门考核数据结果上无法明确谁应该加工资、谁应该被淘汰出局。于是，最终调整薪酬结果变为因物价上涨关系，所有人员工资均以同样比例上浮。

通过这次事件以及跟李睿的沟通，Simon 认识到若继续将 360 用于绩效考核，将会造成更为混乱的局面，对公司的业务造成负面的影响，因此 Simon 决定在公司内部停止 360 的实施工作。

Simon 亲自发邮件给各级管理人员，表示将撤销 360 在绩效考核上的使用，并在公司的季度大会上，向全公司员工坦承了这个错误，轰轰烈烈的 360 风波终于告一段落。

第二节　360 反馈助力角色转变

待发展的高潜人才

为使 YM 集团持续创造高业绩，李腾飞提出以"人才是 YM 集团的基石"为核心价值观，对人才的培养发展尤为关注。

在经历了一番高速发展和新一轮融资后，YM 集团进行了新一轮区域性扩张，并将战略目标定位为"做全国最优秀的快消企业之一"。

从 2018 年开始，为公司未来的进一步扩张发展储备人才，YM 集团开展了"YM 集团校园行"的校园招聘行动，在海内外最著名的高校招纳人才。这批储备人才伴随着 YM 集团不断成长，目前已经承担起公司基层管理人员的职责，支撑着 YM 集团各项业务的发展。

随着公司业务规模的迅速扩张，区域纵深裂变发展，在现有大区域不变的情况下，在区域内不断深耕，因此，未来 5 年 YM 集团将面临不断扩大的市场，越来越多的区域负责人和区域销售经理职位会出现空缺，而这两个职位作为营销领域的核心岗位，必须培养相应的基层管理人员，以顺利完成岗位空缺时的人才补给。

如何实现这批储备人才的发展和角色转型？这是 Simon 目前最为关注的问题，随之将培训主管王丽叫进了办公室。

"王丽，前年校招进入公司的那批储备人才，目前已经在基层管理岗位上锻炼了一段时间，公司业务发展迅速，需要他们在未来两年内承担起 YM 集团各个销售大区的管理工作。但他们距离中层管理岗位的职责要求尚有一定的差距，需要对他们进行培养，使他们平稳地度过储备期、新任期和胜任期，成长为卓越的区域销售经理（见图 3-1）。"Simon 边说边拿起笔在白板上画了起来，"而你今年的工作重点，就是将他们培养成为合格的区域销售经理。"

"设计针对不同阶段的详细的阶梯式培训课程，以这种方式来培养他们，应该就可以了吧？"王丽说出自己的想法。

"阶梯式的培训课程，确实能够确保这批储备人才，在各个角色转型的关键时期获得足够的输入。"Simon 点点头。

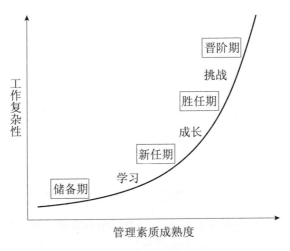

图 3-1 岗位学习路径图

"但是,这种方式可能存在一个问题,如何确保和监督这批储备人才确实消化了新的知识和技能,并运用到实际工作当中呢?"Simon 接着问道。

"这……"王丽没有思考过这一层面的问题,不知道该如何回答这个问题。

"要确保他们真正吸收和消化了所培养的内容,还需要一个长效的监督和反馈机制。"Simon 引导着王丽,"王丽,你回去再思考一下这个问题,应该如何真正地实现这批储备人才的培养,并且能够保证他们能力持续提升呢?你回去之后仔细地考虑一下这个问题,下周一提交一个可行的培养方案给我。"

如何正确使用 360?

"如何能够既确保他们将所学运用于实际工作中,又能实现能力持续提升?"王丽脑子里都是固化了的培训方式——培训课程、书籍推荐、团队建设，似乎没有一种方式能够做到两全其美。该怎么办？想破了头的王丽恨不能立马闪出一道灵感，解决这个问题。

于是，王丽约见了YM集团的长期合作伙伴TB公司的顾问王明，向他讲述了YM集团公司对储备人才的培养需求，以及打算实现的目标。

"王丽，你提出来的培养需求，我建议通过360和完善的反馈机制来解决。"王明说道。

又一次听闻"360"的王丽依然心有余悸，上一次就因为360用于绩效考核，结果公司里很多人对人力资源部怨声载道，这次会不会又起风波呢？

"之前公司就把360技术应用在绩效考核上，结果因无法适应企业文化，导致失败。这次使用也可能会出现偏差吧？"王丽担心地问道。

"360在国内并不是完全无法使用的，将360用于绩效考核，会有很大的风险，但是可以用于员工培养。只要有正确的引导，考评者所做出的评价较客观和公正，被考评者就愿意接受考评结果。现在约有20%~25%不同文化的国际型企业在员工训练和发展上运用360。"王明解释说。

见王丽不说话，王明继续说："也就是说，如果360的主要目的是员工发展，而不与绩效考核直接挂钩的话，考评者所做出的评价会较客观和公正，被考评者会愿意接受考评的结果。目前很多企业将360应用于员工的个人发展，尤其为各个级别的管理者提供客观有效的评价，帮助他们正确认识自我、设置职业生涯规划，以适应目前管理者职权范围扩大、企业结构扁平化、参与式管理、团队协作和矩阵式管理等新情况的出现。"

"具体表现在哪些方面呢？可以详细说一下吗？"王丽还需要了解更

详细的信息。

"360 与员工发展相结合，能够帮助员工提高学习意识并认清培训计划的目的。通过了解别人对自己的看法，员工们可以认识到自己究竟应该重点提高哪些方面的技能，从而更好地选择适合自己的培训及发展计划。参加 360 并完成自我评估报告，还可以使员工确认自己的哪些行为对自身和企业的发展最为重要。认清取得成功的要素也使经理人更加明确自身的发展目标。

"另外，它也可以提高与培训计划相关决策的质量。360 能够提供大量与员工们的强项与弱项有关的信息。在这些信息的基础上，员工本人和他们的上司可以选择更适合的工作任务和培训计划，以达到提高个人工作能力和企业经营管理的目的。有证据显示，借助 360，企业的培训计划将会更有效地提高经理人和员工们的工作能力。

"能够帮助个人澄清培训的重点。360 的评估结果可以帮助企业了解经理人将重要的工作技能在实践工作中加以运用的情况。如果经理人目前的工作表现与预期的水平不相符，他们哪些方面需要培训提高也就显而易见了，而相关的培训课程则可以按照经理人的不同需求来设计和安排。

"帮助企业监督培训计划的进展。第一轮的 360 可以帮助员工们确定行动的方向，在一段时间后再进行第二轮的调查反馈，则可以掌握员工们完成既定目标的情况，使针对员工们进行的指导工作取得更好的效果。360 可以帮助企业发现员工们在工作中需要进一步提高的地方，它能使针对员工展开的专人指导活动更有目的性，从而取得更显著的成效。"王明讲完后，停顿了一下，看着陷入思考中的王丽。

"王丽，我看你还有点儿疑惑，我给你讲一个国外企业将 360 用于人才培养的案例吧。"

建筑工程管理公司 Lehrer McGovern Bovis 公司，简称 LMB，是世界上首屈一指的大型建筑工程管理公司，其承接的项目包括自由女神像的修整工程、爱丽丝岛和中央火车站等标志性建筑工程。

在公司正常的人事管理措施之外，LMB 公司设计开发了一套专门的 360° 调查反馈问卷，目的就是帮助那些有潜力的经理人更好地提高自身的工作能力，并进一步开拓自己的职业前途。作为一项额外的福利，公司希望经理人能够借助这套着重强调领导能力的调查问卷，为将来在公司内担任更高的领导职位做好准备。因此，整个调查反馈的过程不仅是经理人个人发展的良机，也是企业物色未来管理人才的一个方法。

刚开始的时候，由于调查反馈活动的目标都是那些极具潜力的经理人，人们对这项活动的反映普遍良好。而被选中接受调查的经理人，也将它看作公司对自己平日表现的高度赞扬和一次提升个人工作技能的良机。

人力资源部副总裁鲁比具体负责挑选调查问卷的工作。由于公司内部没有设计开发此类问卷的资源，他对目前市场上的调查问卷进行了全面的调查比对。他说："对我来说，挑选问卷时最看重的是问卷是否方便实用。也就是说，它必须让接受调查的员工和负责提供反馈意见的员工都能很容易地明白其中的内容。"

调查反馈活动的第一轮进行得非常成功，于是，公司决定让所有的经理人，而不再只是有潜力的经理人来参与类似的 360° 调查反馈。按照鲁比的说法就是，调查反馈活动的目的不仅仅局限于提高管理人员的工作效率，同时也对降低他们的流动性产生了积极的影响。"就整个公司而言，项目经理人流动的比率为 12%，而参与过调查反馈活动的项目经理的流失率却只有2%。这是一个相当不错的数字。"鲁比接着补充说，"我想这与经理人意识到企业对他们的重视，以及愿意投入资源对他们进行培训有着很大的关系。但这并不是说调查反馈活动从一开始就受到所有人的欢迎——阻力在任何地方都会存在。但总体来说，调查反馈活动是我所知道的，提高人们自尊心和自我意识的最佳动力之一。因为它不仅为员工提供了学习和提升的机会，也向他们传递出这样一个信息，即公司管理层重视他们的个人发展。事实上我认为，调查反馈活动对参与评分的普通员工也有着积极的影响，使他们可以亲身感受到自己的意见和建议也能够被公司所接受和看重。"

鲁比和部分管理人员同时看到了接受调查的经理人就360°调查反馈法的应用展开分组讨论和实践的重要性。因此，在调查问卷之外，公司的培训计划加入了一项模拟实际业务操作的训练科目，让参与培训的员工自己创建一个模拟真实的工作环境，在这一环境中锻炼自己的领导才能和管理技巧，然后再来听取其他参与者给出的反馈评语。

鲁比解释道："分组进行模拟的管理实践，打破了可能对360°调查反馈仍然抱有怀疑态度的人们的焦虑。之前他们或许还会说以前在调查反馈中搜集到的信息并不真实，有的人会出于某种目的故意提出一些和自己的实际情况并不相符的意见。但是在经过模拟管理实践并看到参与中获得的其他经理人也对自己做出了相同的评价时，他们将会无法再继续用这种掩耳盗铃的理由来欺骗自己了。"

在LMB公司，虽然360°调查反馈活动的后续工作并不是十分正式，但仍然一直在不断地进行。例如，某位经理人的上司会在工作中指出他或她在哪些地方的表现还未能达到反馈活动结束后所制订的行动计划的要求，或是在对他们的工作表现进行评估时讨论他们目前所取得的进展。同时，人力资源部的工作人员也会在特别召开的会议上，就调查反馈活动涉及的内容和相应的行动计划，与参与活动的经理们进行讨论。

"原来360用于员工提升会给企业发展带来这么多的好处。"在王明的详细讲解下，王丽终于解除了心中的疑惑，"那么，我们公司的这批储备人才可以通过360的方式来提高培养的有效性吗？"

王明解释："是的，你所提到这批储备人才需要实现的两个方面的发展——将所获得的知识技能应用于实际工作以及实现能力的可持续发展，都是可以通过360来作为发展的辅助机制。而360要成功用于个人发展之中，其中有三项关键成功要素是需要格外注意的：一是评估参与者前期的正确引导；二是在量表编制时要注意切合工作实际，保证参与评估人的理解一致；三是要有针对评估结果的后续反馈和行动计划。"

"为了避免绩效评估时出现过度主观化的情况，在360正式开展的过程中，前期的动员很重要。引导大家避开对利益冲突的过度敏感，强调评估结果将用于个人发展上，并且设计行为化的量表，让参与评估的人更容易判断，促使大家以一种积极客观的态度对待这次评估。这样，就能够最大程度保证每个参与者的客观性，而不至于陷入过度主观化评价的旋涡。"

"但360说到底还只是一个界定发展方向的工具，如何朝着正确的方向提升我们的能力，更重要的是后续的反馈和行动计划。这是一件非常细致的工作。一是反馈什么内容，即如何准确分析360评估结果，并且考虑到被评估者的心理接受程度来进行发展性反馈；二是谁来进行反馈，360评估阶段是结合上级、同事、下级、客户对他们的评价观点，这些评价观点可能与自己的固有印象十分不同，汇总分析后的反馈应该由谁来进行，才能在最大程度上减少被评估者的抗拒心理；三是反馈后如何行动以及由谁来监督，经过详细反馈后，被评估者明确发展方向，并结合企业的培训资源，制订自己的行动计划，并设立监督者，这一步才能真正让想法落地，这才是知行合一的体现。"

发展 = 补差？

"可是，评估结果跟个人发展该如何挂钩呢？"王丽还是有些不明白。

"这批储备人才通过360评估，一是能够从别人的评价中，更客观地发现自己的优势和劣势。"王明在白板上画下了两个圆圈（见图3-2）。

图 3-2　他人对你的评价

"第一，上级、下属、同事和客户，是你日常工作中能力的客观见证者，通过将他们对你各项能力评价的得分汇总，能够反映出你每一项能力的实际表现情况。第二，可以再和自我认知的结果相比较，这样就能根据自己眼中的优势和劣势，区分出四个维度，包括自己和他人公认的优势，自己和他人公认的劣势，自己不知道别人却认为是劣势的盲点，以及自己不知道别人却认为是优势的宝藏。我们一般将这四个维度简单称为优势、劣势、盲点、宝藏。"王明在白板上的两个圈中加上一条横线（见图3-3）。

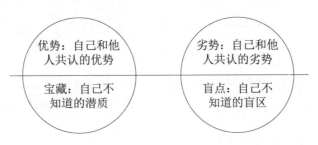

图 3-3 发展四矩阵：优势、劣势、盲点、宝藏

"经过和自我认知结果的比较，可以发现自己以前没有察觉的优点，也可以发现自己一直都不知道的缺点，将能力评估上的死角全部呈现出来。"

王丽点了点头。

"第三，我们还可以具体到不同反馈源之间对自己评价的不同，检视自己与不同角色互动时可能出现的问题。"王明又在两个圈旁边画了五个圈（见图 3-4），做了更详细的剖析。

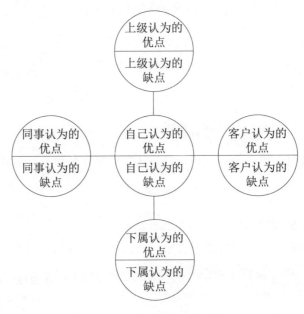

图 3-4 全方位的反馈评价

"第四，对这些反馈结果层层分析，不仅能够让每一位储备人才十分客观地认识到自己有哪些能力待提升，也可以细致地观察在与不同角色互动时，自己能力展现上的差异，从而做出具有针对性的改善。"王明继续说，"当我们得到了这么全方位的反馈数据，接下来的发展行动就是要持续地消除劣势和盲点，充分发挥自己的宝藏领域，扩大自己的优势领域（见图3-5）。"

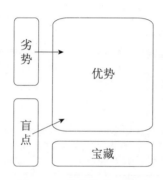

图 3-5 扩大优势示意图

"当我们明确了方向，接下来就将从这四个维度具体入手来做一系列的反馈和改进工作。每一个维度的反馈和改进方式都有它独特的特点。对于劣势和盲点，面对自己和他人公认的劣势，被评估者会经过从失落到接受的过程；面对他人认为的劣势自己却不知道的领域，被评估者就往往从愤怒到抗拒，最后才能慢慢接受（见图3-6）。我们需要根据这些特点，考虑有针对性的反馈和改进方式。"

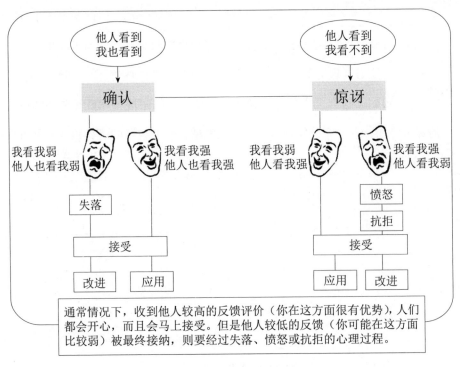

图 3-6 反馈改进的情绪路径

破除疑虑的 360 反馈宣讲会

为了使这次的中层管理者发展项目能够真正落地实施,帮助这批储备人才发展自己,王丽向 Simon 提议,需要通过一次正式的、"全员调动"的宣讲会来推动此次项目的执行。主要参与的人员有李腾飞、丁伟、Simon、王丽及所有直接参与此次培养发展的大区经理储备人员。这样做的目的主要有三个。

第一,说明这个项目对于公司未来业务发展的重要性,引起重视。

第二,排除之前 360 用于绩效考核给大家留下的"阴影",同时,明确 360 评估用于个人发展所带来的好处。

第三，告知这个项目整体的安排计划，明确直线经理的"发展"责任。

Simon 认为，这个要求合理，而且在这个时机，前瞻性地考虑通过解决营销线中层储备的发展问题，必须要高层重视，由李腾飞出面，牵头宣导。所以，王丽在提出这个需求的第一时间，Simon 就积极地给了回应，并承诺在下周一的公司季度经营会议上，和李腾飞及营销总监丁伟打招呼，再次明确这个项目的重要性，并邀请他们出席。但同时，要求王丽必须在周五之前，提交出一个相对完善、考虑周全的会议议程给他确认。

王丽看 Simon 大力支持自己，一番感谢之后，就去准备会议议程和相关会议材料了。

一周后，YM 集团总部会议室，提前三天收到会议通知的 7 名大区经理储备干部提前 15 分钟就到齐了。

这时，营销总监丁伟和 Simon 边说话边推门进来。Simon 先问王丽宣导会的各项准备是不是都做好了。距离会议正式开始还有 10 分钟左右，Simon 没看到李腾飞，就关心地问了一下："李总还没到，是吗？"

"李总刚从华北大区考察市场回来，40 分钟前打电话，正在赶来的路上。"王丽回答。Simon 点了点头。正说着，李腾飞拿着电脑包，风风火火地进来了，看了看手表："时间快到了，我们正式开始吧。"

首先，是由营销总监丁伟介绍此次项目的重要意义。

丁伟从那几年公司业务快速发展切入："区域的扩张、人员的增加，都给区域的管理人员带来了很大压力。从管理团队向管理部门转变，能否实现成功转型？适应管理部门的角色，带领整个区域销售团队，创造持续的高业绩，将是这批储备大区经理能否在上岗后取得成功的关键要素。"

最后，丁伟表达了他对大家的期望，同时也提出了要积极参与、扎实落实的要求。

"基于各位处在销售区域一线经理岗的重要性，需要在进一步厘清未来你们所需要承担的角色和职责的基础上去思考，通过各种培养活动来明确如何更好地管理业务和管理团队、贯彻战略、提升自我，通过管理团队驱动达成业务绩优，有好的销售业绩，这才是我们这次发展项目要注意的关键。关于培养发展计划方面，人力资源部提交的计划，我已经看过了，没什么问题，这方面人力资源部很用心。在未来执行过程中，希望大家能发挥见客户时候的热情和积极性，好好努力、稳扎稳打地参与这次培养发展各阶段的相关活动。我等着看你们的好成绩啊！"

接着，Simon 登场，一番讲解解除了大家对于 360 的 "恐惧"，让大家放宽心、正心态、有信心。

"很高兴各位一线经理来参加这次会议，为了保证未来 YM 集团的业务持续扩张，管理人才的能力发展也就十分重要。鉴于大家未来要承担的重要责任，所以这次专门针对各位的能力发展，我们引入了测评工具，其实这个测评工具核心就是 360……"

Simon 一提到 360，下面就有两个经理先是皱了一下眉，然后就开始窃窃私语。Simon 见状，接着说："各位别紧张，这次的 360 和以前的 360 并不一样，用在绩效考核上的 360 评估就像放错了地方的宝贝。这一次，我们将通过 "管理灯塔" 来帮助大家识别各位的优势、劣势、盲点和宝藏，将以往发展就是补差距的概念予以纠正，不仅要帮助大家发现差距，补足差距，而且还要更深层次地改善发展方式，利用各位自身已有的优势来帮助大家更好地发展。同时，在这个过程中，本身也潜移默化地深化提升了大家自身的能力。和我们 YM 集团相似的国内几大快消民营企业，这几年都已经开始在逐渐采用这种反馈评估。目前看来，发展效果甚好。作为我们 YM 集团的管理者，更应该理性地看待它，摆脱过去对 360 的阴影，以开放的心态去接受和包容它。让它在正确的位置发光，为大家的发展发热。"

Simon 详细讲解了 360 将如何操作，抱着个人发展而非利益冲突的目的，避免了过度主观化的倾向，给了在座的各位大区储备经理很多信心。之前还在窃窃私语的两位储备大区经理也对用在发展上的 360 有了不一样的认识，有点放心了。

最后，由王丽说明此次储备大区经理整体的发展计划。

"在此次项目执行过程中，直接上级和各位经理们，将会起着核心作用。第一，各位销售区域一线管理者的直接上级，是否能够根据管理灯塔的反馈评估结果，为各位进行反馈、辅导大家完成行动改善计划，对大家未来的发展至关重要。第二，此次发展项目的核心对象，即各位一线经理能否担负起发展过程中自己应负的责任，主动积极落实。这两个因素将对此次发展项目的成败起决定性作用。"

在介绍完整体的项目安排后，一线经理们开始提问。

"王丽，既然直接上级和我们会成为这次项目实施的关键，但我们怎么知道如何利用 360 评估结果呢？又如何根据结果指导我们完成每一个阶段的行动改善计划呢？这点，我有疑问。"李经理发问。

听着李经理的话直点头的刘经理也说："对，冲着发展，我们自己肯定会承担起我们该负的责任，对我们自己的职业发展负责，也对下面的团队和公司负责。"

看着大家,王丽点了点头:"嗯,这个问题我们已经提前想到了。在这次项目实施启动的第一时间,我们将会为各位大区负责人进行一次专门的培训,主题就是如何就360评估结果进行反馈及后续行动计划的制订。"

测评×档案之十:评估结果反馈技术

针对360的结果进行后续反馈主要有三个环节:反馈目的及背景介绍、破冰与释怀、结果反馈并达成共识。

一、反馈目的及背景介绍

表3-1为反馈目的及背景介绍表。

表3-1 反馈目的及背景介绍表

反馈目的	背景介绍
引入回忆	××总,您好,我是TB公司顾问×××,还记得×月×日您参加了公司总部安排的对关键人员的测评吧。今天,我们就评估的结果跟您作一个交流和探讨。我们公司的关键岗位,像部门总监、总经理都会参加这次测评,评估目的主要是为个人接下来的工作开展提供一些反馈建议,看看有哪些地方做得不错,还有哪些地方可以进一步改进。其实这次的评估是公司领导层对我们关键岗位人才的一次重要投资,对公司和个人都是有积极作用的,我想也是对您个人职业发展的一个很好的阶段总结的机会。它不是一个终点,而是一个新的起点,一个加强自我认知的起点。我们希望通过这次评估,对个人的能力优势、不足有更清晰的认识
测评的参与人	
测评实施对企业的作用	
测评实施对个人的作用	

二、破冰与释怀

在这一阶段,常用的破冰方式有:闲谈生活、时事;回忆作评价时的情况;闲聊目前工作情况;谈谈目前遇到的困惑或问题,生活工作不限;询问个人期望,将来的设想(见表3-2)。

表 3-2　破冰释怀情况表

根据被反馈者的个性选择	环境	形式	时间点	时长
开放	环境不限	直截了当、开门见山	不限	简短，甚至可忽略
谨慎	放松、舒适、私密	闲聊、回忆	选择工作相对空闲的时间	不限定

三、结果反馈并达成共识

在这一阶段，我们要利用 STAR 技术和前瞻性引导，从过去和未来两个方面对测评结果进行反馈（见图 3-7）。

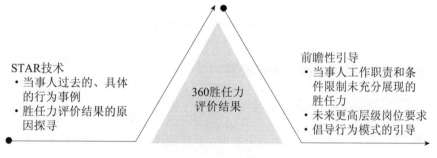

图 3-7　反馈过程图

在整个反馈过程中需要注意以下事项（见表 3-3）。

表 3-3　反馈需注意事项表

×不谈什么	√谈什么
不谈涉及智力、敬业、诚信等个人基本品质	个人相对的优劣势胜任力或维度
不抽象解释指标含义，不辩论分数合理性	重点反馈劣势指标及维度，通过 STAR 探寻原因，指出不足，切勿隐藏
不指名道姓与他人比较	与同群体进行结果比较

（续表）

×不谈什么	√谈什么
不谈结果与个人晋升利益关系	强调前瞻性胜任力对其工作开展的帮助，探讨可行的发展措施

经过这次培训，打消了所有人的顾虑，最后由李腾飞提出此次项目的期望。他说："人力资源部和营销总监在这方面都下了不少工夫，希望各位能不负众望，真正认真参与此次一线经理的能力发展项目，争取早日能承担更大的职责，在更大的平台上看到你们的努力和你们的业绩，我也会尽我的职责多多关注。过程中，需要的各种资源和支持尽管来找我！"说完，李腾飞匆匆忙忙地起身往外走去，他赶着开下一个会议。

项目实施，持续反馈，持续发展

之后的一周，王丽请来 TB 公司顾问王明，为几位大区负责人进行了一场面谈反馈的培训，帮助他们掌握在反馈面谈过程中的相关技术。培训课程上，各位大区负责人以 7 名储备大区经理为对象进行当场练习，由王明进行当场反馈和指导。两天的辅导里，几个大区负责人收获很多，并将这次培训的记录和录像带回各大区域，给所有的管理者看，并将这种辅导技术往下进行宣传和推广。

成功地迈出了第一步，王丽按着预先的设计方案一步步推进着"管理灯塔"360。过程中，为了落实责任和执行，王丽主动找 Simon 和丁伟沟通，并在后续推进过程中，一起制定了两个便于往下执行和推广的小工具。

一个是非人力资源经理的人员管理"一纸禅"。在一张纸上明确界定培养发展过程中各环节执行的时间、参与的角色职责、关键成果产出与可参考的工具，一目了然地给参与培养发展的各个角色指明了方向和管理要求。

另一个是大区储备经理的"发展责任"。从提升发展意识、善用工具、把关改善行动计划质量、充分利用培养发展资源、在实践中不断提升、关注发展成果6方面，明确各位储备大区经理在培养发展过程中自身的责任和需要关注的重点，更利于人才培养工作的执行。

随着职责、分工及必备的上级反馈技能培养的完成，在王丽的强力推动下，整体项目越来越顺利，储备大区经理中不断有人脱颖而出，在其岗位上取得了耀眼的成绩。项目的成功推进也得到了Simon和丁伟的认可。

区域负责人的致谢函

储备大区经理培养发展项目实施半年之后，某天早上，王丽一上班，习惯性地打开邮箱，"叮咚"两声，两封邮件跳了出来，是来自华北和华东两个大区的负责人。他们的邮件大意非常相似：他们非常感谢两个月前从这个培养发展项目中脱颖而出的两位大区经理。目前，这两位大区经理所带团队整体人员素质有不少的提升，而且有3个比较弱的区域也在这两位的带动下，有了不小的增长和改变。他们非常感谢人力资源部的这个培养发展项目，并且切实地感受了360用于个人发展带来的好处，希望这个项目能持续做下去，并且在更多的岗位上进行推广。

"管理灯塔"——管理人员指路明灯

"我们公司有一个针对管理人员转型的360产品——"管理灯塔"多角度评估反馈产品，刚好能够满足YM集团储备人才培养的要求。"王明说道。

"是吗？那你具体说一下。"王丽好奇地问。

"'管理灯塔'基于'知行合一'的领导力理论，帮助管理者了解自己'是否很好地履行和实践自己所了解的管理知识'，并依此来评估管理者是否能够达成期望的管理绩效；通过自我认知和他人反馈之间的差异，很好地了解自身的'认知盲点'，达到'识己、明理、求变'的目的。"王明从产品的理论基础开始说起。

"'管理灯塔'强调：知中有行，行中有知；以知为行，知决定行。管理上的无效往往是知行脱节。很多管理者从各种培训学习中得知应该怎么做，却常常不知道如何在实际工作中展现出来。所以，我们认为'知行合一'才是真正的领导力。"

"'管理灯塔'考察的指标是什么？"王丽问道，"如何确定哪些指标用来培养呢？"

"TB公司通过10多年对高绩效管理者的跟踪调研，汇集数据分析得出管理者要获得高绩效所必须具备的144项行为点，我们将此称为144项'知行合一'。这144项行为点汇集成36个指标，八大维度（领导垂范、培养与激励、提升团队效能、合作、有效沟通、任务重心管理、有效问题解决、战略理解与执行）（见表3-4），能够全面评估和提升管理者的管理水平。"

"这批中层储备人才现在已经被公司放在某个团队领导者的位置,他们的发展会经过三个时期:储备期、新任期、胜任期。你们这个"管理灯塔"的产品可以与这三个时期结合起来应用吗?"王丽问道。

王明说:"'管理灯塔'这个产品上所评估的指标,是根据绩优管理者所需具备各项管理能力的汇总,它能够形成对管理能力的全盘扫描。"

表3-4　管理灯塔八大维度与144项"知行合一"

维度	指标	144项"知行合一"
领导垂范	期待高绩效	让你的团队制定可达成的目标,并且要求他们扩展知识技能,避免将就平庸的或低水平的工作。不管你说什么,你可以接受的是最终的绩效变成真实的标准……
	提升技术知识	每周至少花两个小时来提高你的技术知识。比如读书、观察、聆听和操作,关键是要肯花时间……
	致力于质量和持续改进	采纳10%原则——为个人设定提高10%的目标。小的改进来得更快……
	自我发展	持续学习。设定个人目标,每周学习关于你的工作、组织或者专业学科的新知识……
	诚信正直	没有人是完美的——我们都会犯错误。承认错误并且为你所犯错误造成的消极影响道歉。你如何弥补错误是你诚实正直的真实反应……
	勇担责任	确保每个人都能清楚地明确和理解自己的责任。不管是具体项目还是工作职责,不要假定人们明白谁该承担多少责任,需要讨论……

（续表）

维度	指标	144项"知行合一"
培养与激励	指出不足	当某人有绩效问题时要引起注意，不指出缺点会对团队的每个成员带来消极影响。尽可能早点处理绩效问题，可以防止事态变得严重，否则对你和他人都会更糟糕 ……
	提供反馈	确定你的下属能完全理解绩效要求。当人们知道自己的绩效标准及如何测量时，提供反馈最有效 ……
	减少障碍	询问别人你做的事情或没做的事情有没有给他们制造障碍。如果他们告诉你有，多谢他们的诚实，不要有防御心理，并想办法消除你制造的障碍 ……
	培养他人	关注"中间力量"。避免只看到明星员工（绩效卓越的人们）和落后分子（绩效存在问题的人们）。多数人处于中间 ……
	赞誉他人	成为明星捕手。识别正确做事的人们，并赞誉他们。记住：赞誉的行为会被增强，从而更可能重复出现 ……
有效沟通	聆听他人	关注你的听众。保持眼光接触，仔细聆听。这有助于你理解，同时让他们备受重视 ……
	有效沟通	简洁具体。避免一些模糊的、不同的人有不同的理解的词语 ……
	接纳他人反馈	不要等到年终绩效评价时才收集对你绩效的反馈。让你的老板至少一个季度和你讨论一次你做的如何 ……
提升团队效能	运用公平一致的原则	确定每个人明白这些规则和政策的重要性、原因和具体的细节 ……

（续表）

维度	指标	144项"知行合一"
提升团队效能	保证工作环境	让每个同事提出三条可以增强工作生活质量的建议。列出建议清单，尽快执行那些可行的建议 ……
	鼓励团队合作	了解这样的现实：团队的观点可能更长，但通常价值更大，长远来讲能产生更好的结果 ……
	授权他人	分享权力。让每个人都有自己负责的事情。拥有最终的权力可以来改变对人们工作权责的理解 ……
	合理运用权威	要有这种心态，你的下属不是为你工作，是你为他们工作。提到下属时就想"我为他们工作" ……
	传递组织价值观	为每个人提供一份组织价值观的描述。保持这样的心态：价值观的描述是你工作的一部分 ……
	运用纪律	运用纪律时，集中在个别的问题和对工作的影响上。针对具体的事实和行为而不是针对人格和态度。这有助于降低防御心理并产生有价值的结果 ……
任务重心管理	时间管理	寻找浪费时间者。和他们一起找出所有无效利用时间的行为。选择其中三个最显著的项目，并找到消除浪费时间的策略 ……
	高效会议管理	让参加会议的人提前两三天做好会议议程。议程包括：会议目的；会议讨论问题、时间地点，参加对象、参加者需要准备什么、该带什么资料 ……
战略理解与执行	顾全大局	记住：你和你的团队做的每件事情或者增加价值和支持组织使命，或者相反。相反情况下，人们容易质疑自己贡献的价值 ……

（续表）

维度	指标	144项"知行合一"
战略理解与执行	做价值驱动的决策	成为合拍的一员。在执行前保证你的决策与组织价值一致。如果有矛盾，选择与组织价值观更一致的方案 ……
	采取行动和结果导向	策划项目和任务时，先列出期望的结果。根据列表评估潜在的活动，能增加达成期望结果的机会 ……
	客户导向	采纳以下心态：1）你接触的每个人都是内部或外部客户；2）如果你的客户不需要你了，企业也就不需要你了 ……
有效问题解决	灵活	为了寻求更好的做事方式，鼓励人们打破常规。记住：如果你按照常规的方式做事，得到的结果将是一样的 ……
	有效解决问题	采纳多一个解决方案的原则，每个问题至少有两个解决方案 ……
	公平解决冲突	记住冲突是团体工作的自然产物。把解决问题作为消除组织障碍的挑战 ……
	积极处理危机	视危机为团队共同的。让每人都拥有一个小问题，都能为解决问题作出贡献 ……
	鼓励适度冒险	区别鼓励冒险和阻碍冒险的具体行为。承诺采取鼓励冒险的行为，并要求其他人也如此 ……
合作	展现承受力	深呼吸，慢慢数到15，思考你想如何影响别人。你的责任是让别人脱离沮丧，而不是带来沮丧 ……
	展现热情	想一下你最热情的朋友。让他们分享他们保持热情的经验。然后照作，并将经验传给他人 ……

（续表）

维度	指标	144项"知行合一"
合作	关心他人	记住一些特殊情况。在生日或者纪念日时为你同事送一张贺卡 ……
	信息共享	时刻在团队内部传递信息，避免信息孤岛 ……

王丽说："对于YM集团而言，之所以将储备人才的发展分为三个阶段，是为了合理分配发展资源。储备期的时候，因为他们还没有正式任职目标岗位，我们会重点培养一些不与具体岗位职责紧密相关的能力，比如判断与决策、战略理解执行、沟通合作等；新任期的时候，储备人才已经到达新的岗位，岗位的职责和面对的具体问题发生了变化，这时我们会重点培养与新的岗位职责紧密关联的能力，比如激励下属、合理授权、领导垂范、提升团队效能等。直到他们的能力缺口获得全面补足；胜任期的时候，我们会考虑如何'从优秀到卓越'，帮助他们进一步提升管理能力。"

王明介绍说："理解，根据YM集团的具体情况，在这三个阶段，我建议采用'管理灯塔'对管理能力进行全面盘点，但每个阶段的反馈重点将会不一样，我们可以针对八个维度下的36个指标，区分出三个阶段的反馈重点，明确在不同时期的重点发展指标。这样我们就能通过三个阶段的360，一方面把握整体能力的提升情况，另一方面在每一阶段重点关注某些指标的发展问题。"

王丽听完王明的介绍，说："感谢你的耐心讲解，我觉得'管理灯塔'这个产品基本能够满足YM集团这次中层管理人才发展的需求。你把这套产品的相关介绍发到我的邮箱吧，周一我会向Simon汇报，应该会再次和你们公司合作，共同打造我们的储备人才培养体系。"

重启 360 评估

周一，YM 集团公司总部大楼，人力资源总监办公室。

王丽向 Simon 呈交了详尽的报告，阐述了 360 用于人才培养的可行性，以及将 360 评估指标链接岗位成长的各个阶段。王丽向 Simon 建议采用 TB 公司成熟的管理灯塔产品，这个产品能够很好地融入岗位成长三阶段之中，有效解决储备人才培养问题。Simon 让王丽安排 TB 公司顾问周三下午三点来 YM 集团商谈储备人才培养的相关事宜。

周三下午，YM 集团会议室。Simon、王丽、李睿、王明四人会面。

"目前我们有个储备人才培养的需求，我相信王丽应该跟你们沟通过了吧？" Simon 直接切入正题。

"嗯，我们为这次 YM 集团中层管理人才储备项目做了一份详细的建议书，我来给几位介绍一下吧。"李睿说，"我们打算将 YM 集团区域管理人员职业发展路径与人才培养相结合。"

"根据 YM 集团设定的中层管理储备人才发展的三个阶段——储备期、新任期、胜任期，有步骤、有计划、分阶段进行培养。我们为每个阶段设定了相应的培训时间（见表 3-5）。在完成每个阶段的 360 之后，通过反馈和行动学习来帮助这批储备人才实现自身能力的转型。"

表 3-5 岗位成长阶段与培养时长

岗位成长阶段	培养时长	培养对象
储备期	上岗前 6~12 个月	基层管理者
新任期	上任后 6~12 个月	新任销售大区经理
胜任期	在岗工作 2~3 年后	在岗 2~3 年大区经理

"'管理灯塔'包含领导垂范、培养与激励、提升团队效能、合作、有效沟通、任务重心管理、有效问题解决、战略理解与执行这八个维度36项指标。"李睿继续讲道,"储备期不会全面考察这 36 项指标,而是会重点考察储备人才在原有岗位上能够提升的能力,如有效沟通、有效问题解决、合作等。而能力的界定,将由 YM 集团的高层和绩优中层管理人员根据多年的实践经验决定。新任期和胜任期,已经在岗工作,会重点考察剩余其他项指标,新任期要求达到胜任标准,而胜任期要求在该工作岗位上实现卓越(见表 3-6)。

表 3-6 岗位成长阶段的不同关注点

岗位成长阶段	阶段关注点	360 评估和反馈重点
储备期	重点关注储备人才能在原有岗位上获得提升的能力	利用 360 全面评估储备人才管理能力,重点反馈在原岗位获得实践经验的能力
新任期	重点关注新任管理者在新的管理职责上需要获得的能力,以应对角色转型	利用 360 全面评估储备人才管理能力,观察在储备期培养的能力成长情况,同时重点反馈在新岗位应对角色转型的能力水平
胜任期	顺利度过转型期的管理者需要考虑如何使自己从优秀到卓越,成为一名高度胜任的管理者	利用 360 评估方法及时对管理者的管理行为进行反馈,从全面的评估转为动态短期的评估,帮助管理者从优秀到卓越,为下一个层级的晋升做好准备

"第一，储备期。进行第一轮360管理灯塔反馈，评估储备人才各项能力水平的情况，识别出储备期数项重点关注指标，发现各位储备人才的盲区、劣势、优势和潜力。通过顾问反馈，与上级沟通面谈，结合岗位工作实际，制订由各位储备人才自己完成针对第一轮反馈结果的培养发展计划，并参与相关培训，学习具体的行动改善策略和相关技巧。

"第二，新任期。针对所有高潜管理者36项指标进行第二轮全方位'管理灯塔反馈评估'，一方面，发现储备期间的进步和改善，继续巩固发展成果；另一方面，会根据新任期重点关注指标的评估结果进行反馈，制订全面的行动改善提升计划，为其全面提升和完善管理素质打基础。

"第三，胜任期。将采用阶段性即时反馈，由人力资源部根据公司及区域的发展要求识别关注指标，并将'管理灯塔'全面盘点的问卷拆分成小型量表问卷，用来了解胜任期大区经理的素质情况，以便于管理者能够根据这些小型量表动态地反馈自身行为，及时做出调整和改善，不断适应公司和区域发展的需要。

"在实施过程中，360开始前，我会为所有参与评估的人员进行一次内部宣导，使大家对360有个正确的认识，并且让大家清楚自己所承担的职责，以及统一评分标准。"从王明那里获悉了之前YM集团将360用于绩效考核导致的一系列问题，为了缓解Simon内心的疑虑，李睿特意补充道。

"李睿，你呈现的方案让我对这次的培养计划充满了信心，并且，我也充分信任你们的专业度。就按照你们的方案来操作吧，有什么需要直接跟王丽联系。"Simon说道。

项目洽谈会在良好的氛围下结束，TB公司顾问也开始介入YM集团内部，积极地开展360评估工作，以培养企业储备人才为目的的"360评估计划"正式进入实施阶段。

第三节　360还可以怎么用？

360还可以这样用

王丽这次将针对管理者的360评估工具——"管理灯塔"，应用于YM集团中层储备干部的发展项目中，取得了非常好的效果，甚至被集团内部评为年度标杆项目，王丽也受到了李腾飞总裁的表彰。这种360评估方式也从最初的众之矢变成明星，YM集团每个部门都希望人力资源部能将360用在其发展上，帮助员工实现能力上的提升。

但"管理灯塔"的应用毕竟耗时过长，并且流程严谨，人力资源部可没有那么多的人力和物力投入其中。于是，王丽在与TB公司顾问做项目回顾和总结时，提到了集团内部各部门需求旺盛的情况，看看有没有更为简便的操作方式，用360来帮助员工发展。

李睿跟王丽分享了对360更深入的专业见解："王丽，之前对于中层储备干部的发展，之所以要采用管理灯塔这个产品，是基于这个产品对管理能力的提升有着全面系统的研究，并且通过在不同时期的规范应用，能对管理者顺利地进行角色转型起到很好的辅助作用。但如果涉及很多即时性的发展需求，360的操作方式就可以变得更为弹性和简便，并不需要那么严谨的流程。你回想一下，我们在中层管理者到了胜任期时的360应用方式，那时候不再是采用全面的管理灯塔评估，而是变成一个更加灵活和弹性的反馈手段，帮助管理者及时调整行为，纠正偏差。"

王丽说："是的，那个阶段应用360变得十分灵活，是基于即时出现的问题来开展的。就我理解，360实质上界定了期望和现实的差距，这种差距通过上司、下属、客户和同事的多源反馈，能够更具冲击力地呈现出来，使得被评估者明确下一步改善的方向。因此，我觉得只要是立足于发展，不牵涉太多的利益关系，360是一个很好的意见收集工具，就好像是每一个人的外部监督系统，实时了解自身需要改进的方向。"

李睿说："王丽，你对360的理解非常透彻呀。正如你所说，360实质上是一个外部监督系统，不仅可以针对个人，还可以针对部门、公司来观察一些组织的行为，看看相关的员工对其评价如何。"

经历了360从错误应用到正确应用，YM集团人力资源部对360°反馈技术的理解越来越透彻，衍生出了许多创新的应用变式。

360强化跨部门合作

在跨部门合作中，常常出现工作推卸、责任不清、合作偏差、相互埋怨的情况，造成这些现象的根本原因其实是不同部门间缺乏"对话"，他们很少就共同承担的一项工作，相互之间对各自的期待和应负的责任进行交流。YM集团在很早之前就已经认识到，加强跨部门之间的合作是增强市场竞争力的必要条件。

当时，李腾飞特别希望能够强化市场人员和销售人员之间的联系，使他们更好地团结在一起扩展业务。在一次公司对两个部门的合作情况展开的调查中显示，双方在合作过程中未能做到有组织和高效率。在实际工作中，市场和销售往往各自为战，因此时常会导致市场策略没能带来有效的销售成效，或者销售行为与产品定位出现偏差。

起初管理层以为，只要加强监控，同时敦促这两个部门进行合作，就能解决问题。但是不久之后管理层意识到，这两个部门的员工，都必须提升各自进行这类跨部门合作所需的技巧。

如今，王丽针对这一情况拟订了一份改进计划。她相信，想要解决这个问题，必须提升员工之间的相关合作技巧。而针对两个部门员工的合作情况展开360°调查反馈就是这个计划中的重要一环。为此，王丽特别挑选了一份了解团队合作技巧的调查问卷。

在反馈资料收集完毕之后，王丽将两个部门的员工召集在一起，围绕着如何强化团队协作的话题召开了一次为期两天的会议。市场部一位员工对此发表看法，说："之前，我们只是要求他们作出改变，却没有给他们提供相应的、可以采取行动的有效工具。而360却能对人们的进步产生决定性的影响。"

工作会议之后的内容是，对会议期间总结出的工作技巧展开重点讨论。除了观看如何有效提高团队作业的录像以外，大家还被要求用各种之前提到过的工作技巧，对平时合作中的实际案例展开分析。之后，他们会给彼此在案例分析中的表现提出反馈意见，从而进一步丰富其他同事在调查问卷中提供的信息。

在研讨会结束后，王丽对两个部门的合作情况进行了跟踪监控，结果发现，他们的实际表现有了大幅提高。正如王丽所说的："360让员工们对自己的工作表现及其对提高团队工作效率的方法，有了更清醒的认识。

这对于改善他们在工作中的关系也起到了很大的作用。"

360协助企业的战略目标转变

与许多其他的本土企业一样，为了应对中国市场环境的整体发展趋势，YM集团实施了一系列变革。在一个恰当的历史时机，YM集团与飞露公司合并，并统一使用了YM集团名称。合并之后的集团业务遍布华南、华东、华北和华中区域。

合并之前，YM集团为了确保员工们的思想能够符合企业经营战略的转变，特意引入了360。具体地说，YM集团是希望通过360活动，把"面向全国的业务扩张"的战略目标，传达给每一位员工。

总裁李腾飞就此发表过一番讲话。在讲话中他提出，YM集团未来的发展方向就是要面向全国进行区域化运营，并逐步走向国际化。营销总监丁伟为实现这一目标专门制订了宏伟的计划，并指出，计划的目的就是要将公司从一个"扎根华南的地方性知名企业"转变为一家"富有竞争力的一流快速消费品企业"。

丁伟希望公司人力资源部总监Simon和培训主管王丽，拟订一套帮助员工实现转变的具体计划。为了赢得员工更广泛的理解与支持，Simon和王丽成立了一支由各部门负责人和绩优员工组成的，旨在优化业务流程的特别工作组。工作组对公司内部的供应链体系重新定义。这样做的目的在于重新解释全国化乃至国际化的战略方向在员工心目中的含义，使他们跳出固有的、粗糙的内部运营管理模式。

经过讨论，特别工作组决定设计一套新的员工工作技能和表现的360调查问卷，希望借助360调查问卷提供一套标准化的统计数据，从而使工作组通过正确反馈来不断指引内部员工进行工作行为的转变。

指引员工相互之间作出正确的反馈之后,接下来要做的是,把反馈的结果以适当的方式传达给员工,使他们能够有效地展开分析。工作组向员工们强调,对反馈结果进行整理分析的目的是,让他们认识到自己目前的工作表现与公司未来对他们的要求存在着差距。对反馈结果进行分析的过程,也是员工们缩小这项差距的诸多行动的一个组成部分。

最终,集团内共有500名员工参加了这项反馈活动。每一位员工都被要求提出自己在未来的主要目标,并在与上司的面谈中把自己的计划加以说明。在面谈的过程中,员工们会和自己的主管共同回顾调查的结果,同时拟定未来的行动计划,在计划中明确提出员工个人的发展目标以及实现计划的时间表。

根据综合调查反馈所获得的信息,作为培训主管的王丽整理出亟待提供的工作技能,并尽量以开设内部培训课程的方式,对员工进行强化训练。最终保障集团内部员工整体能力的提升,以应对业务扩张后的新挑战。

随着360在YM集团内部的灵活应用,它大大增强了企业内部信息流通的透明度。而作为360的大力倡导者,王丽也在集团内名声大噪,这也为她后续的晋升打下了坚实的基础。

小结　360的应用风险与正确使用

● 360应用于绩效考核会有什么风险。在西方一些大型企业中将360应用于绩效考核,是因为其独特的环境。第一,欧美文化中人际关系较为简单,社会规则运行有序,大多数人在评价他人时会尽量保持客观;第二,这些大型企业内部机制也很完善，内部信息传递较为透明，人与人在日常工作中有直接反馈的习惯。但反观国内企业的文化环境，因受人情社会的影响，人与人之间的评价会因亲疏关系而有较大的不同，企业内部机制的不完善，也让员工之间缺乏即时反馈的意识。这样的环境下，一旦贸然引入360，并且将结果应用在绩效评估和内部晋升这样与个人利益十分相关的领域，就必然会出现各种矛盾激化的问题。

● 360应用于个人发展的三项关键要素。评估参与者前期的正确引导；在量表编制时要注意贴合工作实际，保证参与评估人的理解一致；针对评估结果的后续反馈和行动计划。

● 360如何明确个人发展方向。将他人评价和自我认知的结果相比较，区分出四个维度，包括自己和他人公认的优势，自己和他人公认的劣势，自己不知道别人却认为是劣势的盲点，以及自己不知道别人却认为是优势的领域。我们一般将这四个维度称为：优势、劣势、盲点、宝藏。我们要持续地消除劣势和盲点，充分发挥自己的宝藏领域，扩大自己的优势领域。

● 360结果如何进行正确反馈。针对360结果进行后续反馈主要有三个环节：反馈目的及背景介绍、破冰与释怀、结果反馈并达成共识。

04

选聘高管，增强空降兵存活率

04 选聘高管，增强空降兵存活率

YM集团变了。随着YM集团跻身于百亿级企业的行列，其组织规模和环境发生了巨大的变化。持续聚焦新兴业务领域，这给YM集团提出新的要求：为了实现既定战略，YM集团要学习各家优秀跨国企业，实现管理水平的国际化。

YM集团人变了。随着组织规模的快速扩张，大量外部的职业经理人加入组织，再加上大量晋升提拔的新鲜血液，YM集团管理人员的数量和结构也发生了很大变化。

在新的变革环境下，如何传导YM集团战略的新要求？如何引进人才，为未来的能力发展和人才战略部署打下坚实的基础？

基于此需求，如何推导出YM集团未来需要的领导力，精准定位高管受测者，从受测者中选出最匹配YM集团"土壤"的管理者，从而规避风险，增强选择高管后的适应度。YM集团高管团队就未来趋势的宏观判断以及影响公司的几种途径达成了共识，因此，引入TB公司的猎聘服务，帮YM集团招聘具备领导力的高端人才，为下一阶段的稳步发展打下坚实基础。

第一节　外来的和尚难念经

高管招聘，事关宏图

2021年2月27日10:00，总裁办公室。

李腾飞将人力资源总监Simon、营销总监丁伟叫到了办公室，讨论华中销售大区的建立后，组织结构调整事宜。

李腾飞说："近些年我们大力扩展，今年即将在武汉成立华中销售大区，主要承担中部市场的开拓任务。现在，YM集团在全国的四个销售大区已经成型。过去各个销售大区只设大区总经理，区域的战略方向最终都是由我来统一管控，但现在全国已经有四个销售大区，每个区域的具体情况差异又很大，再统一交由我来管控，负担很重，因此，我想设立一个副总裁的职位，协助我分管华北和华东区域，使我有更多精力投入华南和华北区的管理。"

丁伟说："李总，也是时候设立一个副总裁来减轻你身上的担子了，四个销售大区的战略统筹，这管理负担也太大了，你可是YM集团的大旗，还是要多注意身体。"

李腾飞点点头："老丁、Simon，也辛苦你们这几年的奔波，总算将华北和华东两个销售大区的业务和团队搞得有声有色。我和Simon讨论过这个副总裁的职责和能力要求，因为主要是分管两个销售大区的业务扩展工作，我们需要一个非常熟悉YM集团业务的人，老丁你是公司内的不二人选。"

丁伟摆摆手："李总，论业务开拓能力，我敢说在YM集团我认第二，没人敢认第一，但论及制定战略方向和市场策略，我还是有自知之明的。我并不是不想去为公司承担更多的责任，是真搞不定这些。你还是让我继续带着销售团队到战场上去厮杀吧。"

Simon说："李总，副总裁这事其实我也跟丁伟讨论过，我们认为按照现有集团的发展速度和这个职位的特殊要求，确实很难从内部选拔一个人来承担，我们建议从外部招聘一位高管，以实现高管团队能力上的加速更新。"

李腾飞若有所思："招聘一位副总裁我也想过，但考虑到风险很大，至今还没下这个决心，毕竟副总裁这个位置有着很大的权力和责任。一旦选人不当，会给公司带来极大的风险，高管空降失败的案例比比皆是，我不能没有顾忌。"

Simon问："李总，还记得TB公司的X博士吗？"

李腾飞回答："嗯，上一次我们一起去参加中美企业家交流论坛，他分享了'空降高管如何存活'以及'未来领导力观点'两个主题，回来后我们还针对他所讲的领导力观点做了专题研讨。"

Simon说："是的。TB公司是我们人力资源管理领域的长期战略合作伙伴，之前我咨询了X博士一些问题，他对高管空降有很多观点，也给了我很多启示，我想TB公司似乎有能力针对我们现在的问题提供解决方案。"李腾飞听后让Simon安排与TB公司X博士的会议，想听听他的看法。

空降存活，X博士有妙招

YM集团会议室。

"X博士，好久不见了，在中美企业家交流论坛上，有幸听到你对于领导力的见解，给了我们很多启发。"Simon 在会议开始时发言。

"听你说，李总最近正在为外部招聘高管的事烦心。"X 博士笑着回应。

"是的，我们这次希望能从外部招聘一名副总裁。"李腾飞下意识地抬了抬头，轻轻地摸了摸左手无名指上的戒指，"但真的很难，本来这样的人就不好找，就像你当年点出 W 公司的情况，当时的总裁德卢离职后，公司一下子就垮掉了。我们当时都不敢相信，但你一语成谶。"

"聘请一些猎头顾问，让他们帮忙给 YM 集团找找合适的人选。"X 博士继续说道。

Simon 回答："现在已经在接洽一些知名的猎头公司，但还没正式启动这个副总裁的猎聘项目，因为我们担心高管空降会产生很多的不稳定因素。"

"Simon，你还记得我上次在会议上分享的，高管空降存活的三大法则吗？"X 博士微微一笑，扶了扶眼镜。

Simon 笑道："当然记得，一是和企业高管能力要求相匹配，二是适应企业文化和组织氛围，三是在企业安稳过完第一个 100 天。这样的空降高管才有可能最终融入企业，做出实际贡献。当时在会议上因为时间关系，你没有细谈，要不，你今天就给我们详细讲讲？"

X 博士抿了一口茶，娓娓道来："所谓三大法则，其实和我们现在常说的领导力密切相关。高管能力要求，其实是我们常说的高管雇用标准，很多企业在招聘高管时，往往说只要某方面能力强就行，但往往发现这方面不行、那方面也不行，于是面临尴尬的局面，到底是用还是不用呢？"说到这里，X 博士停顿了一下。

"是啊，之前招聘高管的时候，大家都说只要某方面能力强就行，其实根本不是那么一回事儿。"Simon 对此深有感触。猎头公司也在抱怨 YM 集团的要求很高。

"其实，我们很多企业都没有用人标准，或者说标准看上去很美，但实际上相当于没有。"X 博士似乎读出了李腾飞和 Simon 的心声，"没有标准，何以苛求猎头公司或者 HR 找到合适的人呢？"

"那我们如何知道自己的标准应该是什么样的呢？"李腾飞问道。

"其实，我们应当结合企业战略、组织文化、治理结构等，通过战略推导、文化演绎、业务分析等模式归纳和提炼出自己的用人标准。"X 博士接着说，"但很多企业在提要求的时候，往往没有聚焦到战略这一层面，要么以偏概全，要么面面俱到，所谓的用人标准根本派不上用场。抓住和提炼重点要求，将会帮助企业作出较准确的判断。"

"那适应企业文化和组织氛围呢？"Simon 主动提出问题，因为前不久一名表现优异的高管突然离职，令他困惑不已。

"其实企业文化和组织氛围，就是我们常说的土壤这一概念。很多时候，一些高管很有能力，也很有想法，但就是做不出，或者说做不好事情。究其根本原因，是因为和企业文化、组织氛围不吻合，管理风格上的差异就是典型的冲突矛盾。"X 博士如是说。

"嗯，他的管理风格和 YM 集团文化确实不太相符。"Simon 叹了口气。

"最后就是 100 天以后活下来，做好。"X 博士说道，"很多企业都认为空降的高管要做好事情，更多是依赖于自身的发展，其实不仅要靠自己，更依赖于企业能否给予高管学习和成长的空间，懂得拉高管一把，扶他走得更加平稳。"

"此话怎讲？"李腾飞问道。

"很多企业的老总认为高管的能力符合要求了，就让他进来了。殊不知，在前100天，是高管能否掌控局面的关键时期。是否和董事会达成一致，组建自己的核心团队，避免无休止的人际关系处理等都是难题，稍有不慎，都会面临'三振出局'的局面。"X博士做了一个挥棒球棒的姿势，"因此，帮扶高管走完最初的100天，是避免企业和个人都遭受损失的必要举措。"

"X博士，我觉得你说得都很对，我们也知道应该建立我们的用人标准，注意高管和企业文化、组织氛围的吻合，同时还要注意100天内让高管活下来，做好。"Simon问道，"你能不能帮我们确定我们的标准呢？然后帮我们找到那个想要的人？"

"当然可以。"X博士笑着说道。

第二节　未来高管画像

Delta Talents 领导力 × 学习力

"我们刚刚说到了如何确定用人标准，其实TB公司对此做了多年研究，目前已经提出了Delta Talents领导力 × 学习力，即领导力模型的概念。"

"领导力 × 学习力？"Simon有点疑惑。

"是的，所谓领导力 × 学习力，是指高管适应企业动态环境变化，通过学习和创新，有的放矢发挥出自己的领导特质和风格，为组织变革和业务提升贡献的能力要素组合。它由适应变革的领导力和学习力两大部分组成。其中，领导力从业务、团队和人际三个方面进行分析。

"在业务方面，强调领导者基于组织战略结果驱动，通过对企业发展目标及战略规划的思索，调整业务经营方向的能力；在团队方面，强调领导者以团队效能最大化为出发点，借助规划与远景激励、培养他人、授权等方式有效整合团队效能的能力；在人际方面，强调领导者具有宽阔的人际视野，将合作和共赢放在首要位置，通过跨界的合作实现企业效能的加倍提升。需要指出的是，处于不同阶段的企业因为战略方向、业务模式、治理结构等方面存在一定的差异，因此在上述三方面的领导力要求上有显著差异，同时这三方面的领导力比重也存在一定的差异（见图4-1）。"

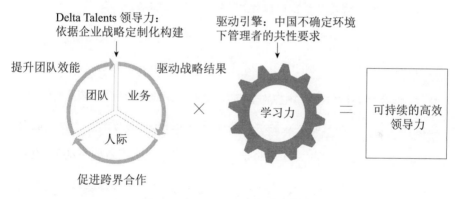

图4-1　Delta Talents领导力模型

"你能不能举例说明一下，我们YM集团作为行业内的知名企业，领导力模型是如何组成的？"李腾飞询问X博士的意见。

"关于这块，"X博士紧接着说，"YM集团目前在国内行业中是领先企业，在战略方向上已经日趋成熟，相对而言，在管理上实现升级和突破是重点，因此团队是其中最为重要的方面，相对而言，人际和业务所占比重相差不大。但为了能够更加精细化打造YM集团的领导力模型，我们需要根据战略推导和文化演绎来确定最重要的考察指标。"

听了 X 博士的分析，李腾飞觉得非常有道理，连连点头。

"那么学习力呢？" Simon 对于这一名词很好奇。

"学习力是指领导者能够面对未来挑战、积极引领的学习能力，它强调考察领导者能否敏锐觉察学习需求、运用工具快速吸纳新知，从而形成组织智慧。相对而言，学习力是一个独立、稳定的元素。具备学习力的人员，往往能够在企业中更好地发挥自身的优势，并能够有效弥补自身存在的不足和缺陷。" X 博士解释道，"我们认为学习力对于领导力的提升有加速作用，能够真正实现可持续的高效领导力。"

"学习力由哪几个要素组成呢？" Simon 继续问道。

"学习力由自我驱动力和突破定式两大要素组成。自我驱动力显示这位领导者有着追求成功的渴望，尽管已经做得相当好，但是对他来说还不够好，他愿意加倍努力。作为积极的开拓者，他会跨出自己的职业舒适区，迎接各种挑战。而突破定式显示领导者是不知疲倦的好学者，不仅有能力持续理解和吸收新知识，还能将学到的新知识转化为高效的行动。"说到这里，X 博士补充了一句，"学习力对于个人来讲，是越强越好，尤其是在组织快速发展时期，学习力强的人员往往能够快速跟上组织节奏，助推企业的快速发展。"

"X 博士，那么 TB 公司打算如何构建此次 YM 集团领导力模型呢？" Simon 知道眼下的重点应当聚焦到领导力模型的构建了，"是不是我们的构建重点应该放在领导力上呢？"

"YM 集团领导力模型的构建应当基于战略分析与推导，而不是只放在领导力上，事实上，学习力同样很重要。在我们看来，学习力对于

YM集团来讲尤为重要。在大区快速扩张及发展的过程中，如何快速、准确地抓取有效信息，进而给出准确的预判，决定了YM集团未来在各大销售区域的发展趋势。"X博士说到这里，Simon频频点头。

"为了更加清晰地展示我们的战略推导过程，请看我们提供的一份材料（见图4-2）。"X博士将早已准备好的材料递给了李腾飞和Simon。

推导的总体思路：

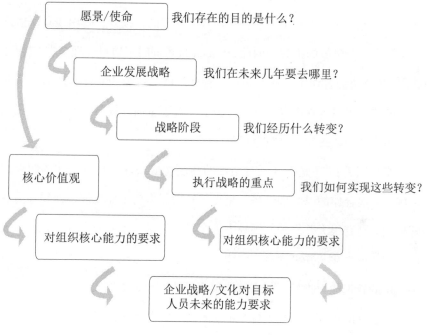

图4-2 战略—领导力推导模型图

看完这一资料后，Simon顿时明白需要做哪些事了。这一天的收获显然非同凡响。Simon制订了全球副总裁招聘计划，并将这份报告以邮件的形式发给了李腾飞。全球副总裁公开招聘正式拉开了帷幕。

确定重点关注的领导力领域

本次"全球副总裁公开招聘项目"的开展，TB公司派出了强大的项目团队：首席顾问X博士任项目总监，高级顾问李睿任项目经理，还有几名专业测评师。YM集团这边由Simon带队，营销总监丁伟高度参与，刚刚从招聘主管升任组织发展经理的麦可可从中协助。

在确定YM集团副总裁重点关注的是领导力领域时，Simon想起了培训主管王丽之前负责的中层储备管理者的管理能力提升，采用360评估技术来保障三个阶段的提升。因此，Simon特意询问了项目经理李睿："在之前和TB公司的合作中，我们采用'管理灯塔'这个360评估产品来帮助集团内部中层储备管理者在管理能力上实现了全面的提升，能不能直接从那里面选取一些指标，进行重点关注？"

李睿回答："还是需要通过精细的高层访谈来确定重点关注的领导力领域。上次合作的'管理灯塔'重点是管理能力的全面发展，而领导力和管理能力是有很大差异的，领导力更多显示的是一个领航者的角色，促成商业利益最大化，并巩固合作联盟。虽然很多的考核指标来源于'管理灯塔'中的管理能力指标，但在行为层面上的展现是更加复杂的。"

通过TB公司项目团队与YM集团高层的深度访谈，逐步厘清了众人对未来YM集团副总裁的期望，经过科学的数据分析，最终得出了领导力考核指标（见表4-1）。

表4-1 领导力考核指标及行为释义

构面	重点关注维度	重点关注指标	行为释义
团队	激励远景	传递组织价值观	在团队中持续传递组织价值观,真正将价值观落实到每一位员工的行动中
		凝聚团队	能够统一团队成员目标,凝聚共识,提升团队整体效能
		培养接班人	能够保持团队能力的延续性,有意识地培养接班人
人际	巩固联盟	价值共享	与不同部门,不同合作伙伴之间共享价值,形成利益共同体
		建立商业网络	展现强大的人际交往能力,并能逐步为企业建立稳健的商业网络
业务	洞察商机	价值驱动的决策	确保大多数决策是促进企业商业价值提升的,不做无效决策
		发现机遇	能够敏锐地发现各类商业的机遇,并把握机遇创造价值
		处理危机	洞察商机不仅仅是机会,也有可能是危机,领导者需要强有力的措施处理各种可能出现的危机
	学习力	自我驱动力	优秀领导者有着追求成功的渴望,作为积极的开拓者,他们会走出自己的职业舒适区,迎接各种挑战
		突破定势	优秀领导者是不知疲倦的好学者,不仅有能力持续理解和吸收新知识,还能将学到的新知识转化为高效的行动

第三节　模拟舱测评全景记录

"X博士，我们已经搭建完领导力模型，接下来该做什么？"

"接下来，我们引入TB公司独有的职业经理人模拟舱。"X博士下意识地扶了扶眼镜。

"模拟舱是什么？"Simon问道，"我在国外的时候，听说过评价中心、发展中心，但没有听说过模拟舱这一概念。这和我们传统的评价中心和发展中心有什么区别？"

"职业经理人模拟舱是我们TB公司最先提出的一种全新评价模式。与传统的评价中心不同的是，它更加聚焦于体现领导者的工作常态，并通过浓缩与情景演绎，再现受测者在真实情景下最可能展现出的领导力。"说到这里，李睿从电脑中调出了一份资料。

"也就是说，受测者其实不太清楚评委的存在。"麦可可好奇地问了一句。

"是的，其实我们会在活动开始时，明确告知受测者所有的评委都不在现场。他无须讨好任何一位下属、上级、同事、供应商以及客户。但重点在于，他需要有效地展现自身的领导才干，达成组织及其个人所期望达到的成果。为了有效评估受测者的领导力，我们将全程录像，当然，这是明确告知受测者的。"李睿微笑着指出。

"如此一来，受测者只能抛弃所有的伪装，尽全力展现自身领导力，是吗？"Simon点出了问题的关键。

"是的，职业经理人模拟舱将通过高节奏、高压力的工作状态，逼迫受测者卸掉所有的伪装，因为以不自在的状态去应对长达6个小时的考验，绝非易事！"说到这里，李睿很自信地朝 X 博士看了看。

"是的，所有的活动构思与设计都经过一整套完整的模式，需要经过大量的检验和试验，方可投入使用。"X 博士解释道。

"6 个小时的考验，那比传统的评价中心整整增加了近 1 倍的时间！看样子，是要动真格的了。"Simon 兴奋地用手比画道。

"是的，6 个小时的考验，包括前期 1 个小时的准备时间；1 个小时在线邮件处理；每 30 分钟一轮，共 6 轮的商业活动；还有 1 小时休息和午餐时间。"李睿进一步解释道。

"如此一来，受测者必须拿出看家本领了。这一结果，显然是老板想看到的。"Simon 对于这一结果很是满意。

"那模拟舱活动与已经构建的高管领导力模型是什么关系呢？"麦可可急切地问道，"TB 公司会针对我们公司的现状开发独有的模拟舱活动吗？"

"我们的模拟舱活动服务于 YM 集团独有的领导力模型。"X 博士解释道，"虽然我们有一整套完整的领导力活动库，但考虑到 YM 集团的战略发展、治理结构、目标岗位的职能特殊性，我们 TB 公司针对已经完成的领导力模型构建相适应的模拟舱活动，从不同角度全面印证和考察受测者与目标岗位领导力要求是否匹配。"

"原来如此，怪不得 X 博士一开始花费大量时间和我们讲述领导力的观点，并构建了我们 YM 集团的领导力模型。"Simon 和麦可可连连点头称赞道。

"那 TB 公司打算怎样设计 YM 集团的模拟舱活动呢？"麦可可追问道。

"事实上，我们设计的所有高管模拟舱活动是基于领导力模型而设计的。TB 公司认为，所有领导力都蕴含在大量商业活动中，但不同的商业活动侧重点是有差异的。而一个优秀的领导者必须是在处理好五大关系网络的前提下实现组织商业价值的（见图 4-3）。"X 博士说。

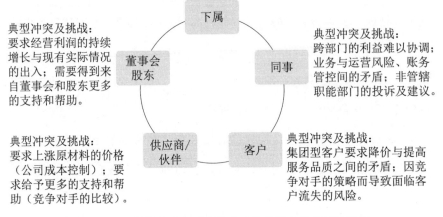

图 4-3　高管的五大商业关系网络所蕴含的典型冲突

"是啊，这正是我们 YM 集团在现阶段及未来很长一段时间内会遇到的冲突及挑战。这些问题真的很棘手。"Simon 连连点头称是。X 博士所领导的咨询团队显然已经真正把握了 YM 集团的"症结"所在。

"但仅仅有这些商业关系网络是远远不够的，我们必须要将已有的 YM 集团领导力模型放置其中，才能更加深入、准确地设计出我们的互动情景与题本，突出那些我们需要重点考察的领导力（见表 4-2）。"李睿补充道。

表 4-2　商业活动与领导力评鉴之间的关系表

典型商业活动	典型商业关系	高管面临的商业挑战	聚焦的领导力
原材料价格谈判	供应商	平衡多方利益关系	价值驱动的决策，价值共享
		巩固并发展已有的关系	建立商业网络
辅导谈话	下属	激励并指导下属达成具有挑战性的任务	培育接班人，凝聚团队

"也就是说，基于 YM 集团的领导力模型，TB 公司会结合高管商业关系网络，总结和归纳出所有的商业活动与领导力之间的关系。"麦可可似乎有所明白。

"是的，但这只是第一步，因为事实上，高管所涉及的商业活动很多，在短短 6 个小时内要更为有效地考察，我们还需要综合其他诸多因素，例如考察的时间、实施的成本，考察的难易程度等。此外，需要借助德尔菲法，对所有的活动题本、合理的举措及预测结果进行统筹分析，得出最终结论。德尔菲法也称专家调查法，是一种采用通信方式，分别将所需解决的问题单独发送到各个专家手中征询意见，然后汇总全部专家的意见，并整理出综合意见。随后将综合意见和预测问题再分别反馈给专家，再次征询意见，各专家依据综合意见修改自己原有的意见，然后再汇总。这样多次反复，逐步取得比较一致的预测结果的决策方法。"X 博士微笑着说道。

"原来这一系列活动设计这么复杂，和原来的评价中心题本设计相比，从设计原理到构思设计，再到理论论证，都经得起推敲。"Simon 很满意，"那么我们大概什么时候能够拿到 YM 集团职业经理人模拟舱成果呢？"

"大概需要两周吧。"李睿很有信心地说，"我们还会邀请大家参加我们的德尔菲法研讨活动，当然需要麦可可负责组织和协调整个工作。"

接下来的两周里，YM集团的几位高管参与了TB公司一系列的研讨活动，流程见表4-3。经过热烈的讨论和分析，YM集团副总裁的模拟舱活动应运而生。

表4-3 经理人模拟舱一天流程

高管日程	活动议题	核心内容	考察指标
8：00—9：00	准备环节	虚拟A公司情况、主要人物介绍、所有邮件快速浏览	自我驱动力
9：00—9：30	邮件处理第1阶段	邮件7：供应商采购价格事宜 邮件10：敦促下属达成业绩	自我驱动力、突破定势
9：30—10：00	商业活动1	承接邮件7，对采购价格进行有策略的商讨	建立商业网络、价值共享
10：00—10：30	商业活动2	承接邮件10，激励下属面对挑战达成业绩	传递组织价值观、凝聚团队
10：30—10：40	休息		
10：40—11：10	邮件处理第2阶段	邮件18：下属离职 邮件20：CRM系统	自我驱动力、突破定势
11：10—11：40	商业活动3	承接邮件18，就下属离职事宜进行说服	培养接班人、凝聚团队
11：40—12：10	商业活动4	承接邮件20，处理CRM系统实施中的障碍	凝聚团队、价值共享
12：10—13：10	午餐及休息		
13：10—13：40	邮件处理第3阶段	邮件21：接受业务挑战 邮件28：主持战略会议	自我驱动力、突破定势
13：40—14：10	商业活动5	承接邮件21，帮助分析问题，说服团队接受业务挑战	价值驱动的决策、发现机遇

（续表）

高管日程	活动议题	核心内容	考察指标
14：10—14：40	商业活动6	承接邮件28，主持战略决策会	价值驱动的决策、处理危机
14：40—15：00	结束活动，签署保密协议		

评委准备环节

经过了紧张有序的准备，模拟舱开始运行。评委们陆续就位。TB公司顾问李睿安排评委的分工。

"尊敬的评委们，大家好！欢迎参加YM集团高管选聘评鉴活动。请大家遵守本次测评活动的各项规则，对参加本次测评的3位受测者作出科学、公正的评价。同时，请大家注意要对测评材料和测评结果保密。本次评鉴活动的人员安排已经提前发给各位。主评委：X博士、李睿；副评委：Simon、TB公司中级顾问团队；演员：TB公司中级顾问团队；工作人员：TB公司助理顾问；观摩人员：李腾飞、丁伟和麦可可。"

主评委：提前阅读简历，记录受测者反应，并评分；主导评分讨论，给出评价；对副评委的打分进行点评。

副评委：提前阅读简历，记录受测者反应，并评分；参与评分讨论，给出评价；整理评鉴结果，撰写评鉴报告。

演员：进行角色扮演。

工作人员：负责各项测评准备工作，组织协调整个过程，妥善处理意外情况。

观摩人员：参与观察记录及打分练习体验，分数不计入受测者评价。

"我们的工作人员将在测评活动结束后回收相关资料。"实施模拟舱评鉴前，李睿还宣读了各位评委所要遵守的规则。

第一，保密。测评活动期间（包括休息和吃饭时间），不要在公共场合谈论与考试、受测者相关的任何话题。在休息环节应尽量减少与受测者交流、交谈。

第二，每位评委独立评价所有人。评委在观察阶段打分时，不能交换任何意见。等所有人都打完分，评委们在一起开一个非常关键的会议，在会议上协商评分结果。

第三，投入整个过程。关掉所有通信工具，全程全情投入。以积极的心态看待评鉴中心——通过观察和评估受测者，能看到很多关乎受测者、组织和目标岗位的行为信息，这对于尽早全面"认识"未来的工作伙伴，帮助其融入组织是很好的信息输入。

第四，避免各种非理性误差。警惕不要因为青睐或讨厌某个受测者而误导评分结果。

第五，留意受测者的情绪变化。评鉴中心的所有评价指标和形式，都是期望受测者能有效展现出其对目标岗位的持续高绩效行为的证据。受测者被要求完成的每项任务都是在对其应征的目标岗位工作进行现实的预演。评委如在评鉴中发现受测者在完成任务时，持续流露出抗拒、厌烦、轻视或痛苦的情绪或态度，则需集中观察并详细记录其行为表现，在讨论评分阶段严肃认真地考虑此受测者与应征的目标岗位是否匹配。

受测者准备环节

A 君来到 TB 公司的评鉴中心。早上 8∶00，A 君进入电梯，按了 28 楼。走进前台，TB 公司巨大的、由各种小小的深浅蓝色方块组成的环形 logo 映入眼帘。前台面带微笑领着 A 君往模拟舱走去。

门口有一个类似安检机器的地方，A 君把装了电脑的公文包和手机都交到安检处。

从进公司门开始，A 君就发现地板上有箭头标记，拐角处有指示牌显示着"you are here"。他猜测，箭头应该延伸到评鉴中心总部办公室。一条长长的、前方透着光线的长廊，左右两边都是封闭着的玻璃窗，每扇门的门牌上分别写着模拟舱 1、模拟舱 2、模拟舱 3……

A 君被前台带到一间会议室。咖啡时间，A 君也没闲着，他打量着其他的受测者。大家都在默默喝咖啡的时候，他主动开腔："今天还好，路上不塞车！"

B 君很客气地说："呵呵，是啊，还好。"

C 君问 A 君："你好像对这里很熟悉，你来过这边吗？参加过这种测评没有？我看这搞得挺玄乎的。"

A 君回答："我倒是参加过评鉴中心项目，不知道他们这个模拟舱有什么不同。"

B 君说："不知道。总之我们抱着互相交流学习的心态吧，是个难得的学习机会，也希望我们都能展示出真实的水平。"

…………

邮件阅读

后来，一个指引者又把 A 君带到模拟舱 3 门前，作出一个"请"的手势，A 君进门了，里面有一张大圆桌，圆桌上摆着一台笔记本电脑。对面是一面单向玻璃墙。

"你现在的角色是飞露集团副总裁章飞，在接下来一天的评鉴中，你会接受一系列的工作任务。这是你的办公室和你的办公桌。这是你使用的电脑，这里有一些背景资料和任务要求。"指引者说完就离开了。

A 君迅速浏览着他所担任角色的背景资料和信息。

角色设定：

假设现在是 2020 年，你是飞露集团新上任的副总裁章飞。今天你可能和下面这些人打交道。

刘东，生产经理，2013 年进入飞露，从技术岗位做起，任车间主任五年，刚被提升为生产经理。

李强，武汉公司销售副总，在分公司工作超过十年，立下不少功劳。

张博，采购总监，分管采购业务。（华新集团是主要供应商之一，已连续多年有业务合作）。

所任职的公司背景：

2012 年 1 月，飞露集团在上海成立。自成立以来，飞露集团秉承"一切以客户为中心，以创造客户的终极价值"的理念，坚持科学、稳健、积极进取的经营作风、艰苦奋斗、科学管理，先后在南京、武汉、天津、北京等城市设立分公司、开发项目，成功塑造了"飞露集团"品牌形象，较好地实现了公司的社会价值和经济价值双收益。2020 年，经过前期深思熟虑、借鉴知名战略咨询机构的力量，充分研讨论证，集团确定了将研发、生产供应和营销一体的经营模式作为集团未来发展的战略。目前公司销售市场主要以华南区为中心，辐射全国六大销售区域，全国零售门店超过200家。近几年，销售额以35%左右的速度在稳定增长，每年的销售额在75亿元左右，净利润增速近30%。

所任职公司战略定位：

飞露集团坚持走规范化管理道路，注重可持续发展，希望未来3～5年能建立科学的集团化管控模式和规范化流程管理体系，推进企业持续变革，逐步形成具有飞露特色的经营管理与发展模式，并逐步实现以"长三角"为根据地，稳步推进，最终实现全国布局，均衡发展的战略目标。但随着行业的发展，未来市场的不确定，企业间的竞争越来越激烈，国内其他品牌的快速成长，飞露集团公司在传统优势市场的增量提升以及新市场、新业务的挖掘拓展方面仍面临不少问题与挑战，主要表现为：

● 战略发展的思路不够清晰。虽然公司已提出了三年的发展目标，但对于公司未来的发展方向尚未形成完整清晰的思路，对于重大战略性业务的发展缺乏适宜的模式设计……

● 相对于国内其他同水平的公司，发展速度较慢。公司已经进入成长与突破期。但几年前与公司同一水平的几个国内公司，都明显比飞露集团发展更快……

● 管理队伍结构不合理、管理人员能力不足。公司缺乏挖掘和培养企业人才的中长期计划，导致企业人才青黄不接，尤其是中高层管理人员……

● 核心竞争能力不明显。公司不具备较突出的竞争优势，市场把握、品质控制、产品设计、产品创新等因素并没有明显优势……

●考核分配机制滞后，人才流失严重。在用人方面缺乏科学的绩效评估机制，绩效评估机制比较简单；在分配方面缺乏与绩效考核挂钩的公平激励机制，人才流失严重……

●各部门之间配合度不高。由于职能设置混乱、职责不清，各部门之间的工作缺乏一定的统筹性，部门各自为政，跨部门的沟通困难，部门之间的优化工作难以开展……

●整体工作氛围以和为贵，员工做事保守求稳，缺乏担当意识，逃避问题与责任。企业文化也是以和、稳为主，员工处事风格也体现出这种特点，导致解决问题流程节奏缓慢，公司呈现出不应有的官僚作风……

A君打开电脑，跳入眼帘的是一封来自"秘书晓玲"的邮件："章总，您好！您今天会陆续收到20封邮件，请您在一小时内务必浏览完毕。因为接下来您一天的行程安排得非常紧，还要赶下午3：30的飞机去客户那里。我会根据您邮件回复的意见，帮您安排后续的工作事宜。"

A君看到电脑上显示有好几封邮件已经接收（见表4-4），每隔5分钟就有新邮件进来。这些邮件中，一些需要10分钟以上的时间去阅读和思索回复要点，一些则只需要几分钟就可以完成。A君对邮件作了回复。

表4-4　已经接收的邮件

✉	"企业管理中心副总段新" CRM上线实施事宜	8：31
✉	"采购总监张博" 供应商华新的议价变动	8：33
✉	"武汉销售经理李强" 武汉分公司业绩达成情况汇报	8：35

（续表）

📅	"总裁办杨丽丽" 企业管理决策委员会一期会议：盘点飞露集团的现状与未来	8：38
✉	"车间主任刘东" 新技术项目负责人商榷	8：39
✉	"生产经理" 关于近期个人职业生涯动态	8：43
✉	"总裁办杨丽丽" 参加行业人才发展战略规划年会	8：45
📅	"总裁办杨丽丽" 集团月度 CLT 会议	8：55

评委室里，评委们打开电脑，评鉴中心在线评分系统界面整洁。

麦可可笑着说："这次当评委，完全在幕后啊！"

"对，看他们在观察室里面阅读资料。"李睿说。

"这个环节我们需要观察什么，要评分吗？"麦可可问。

"这个环节我们不评分，而是趁这个时间再熟悉一下各位受测者的简历、前期测评结果及报告。"李睿答道。

第一场——商务活动 1：供应商采购价格事宜

情景模拟

时间：2020 年 12 月 17 日 9：30—10：00

地点：副总裁章飞办公室

人物：A 君扮演的章飞、演员 1 扮演的张博

观察室：X 博士、李睿、Simon、丁伟和麦可可

A君坐在座位上，面前坐着采购总监张博（演员扮演），气氛多少有些紧张。

"章总，你看目前怎么办才好？"张博一上来就急切地抛出问题，"华新集团提出必须要涨价，他们认为目前的价格是不合适的，而且还指出竞争对手支付的价格更具优势。"

"是吗？"此时，A君回忆起之前邮件处理中的关键信息。

华新集团是飞露集团的长期合作伙伴，自2017年开始为飞露集团供应设备、提供信息化服务。但近年来受到国际原材料上涨、竞争对手支付溢价等因素影响，华新集团近两年连续提出上涨价格的要求，但飞露方面表示价格合适，建议来年再考虑提价。

今年3月，华新集团余总再次提出涨价要求，且指出如果再不涨价，华新集团或考虑合同到期时终止服务。此话一出，令采购总监张博十分紧张。因为从目前几家接洽的供应商来看，能够高质量提供服务的供应商数量有限，所以他紧急将该情况汇报给您。

您显然已经意识到问题的严重性，因此邀约采购总监张博到您的会议室，就供应商原材料价格事宜进行沟通，并确定有效的解决方案。

您需要完成以下两个任务：

● 和采购总监张博就供应商价格处理达成一致意见，并要求上涨价格幅度不能超过10%。

● 敦促张博进一步寻求潜在合适的供应商。

"是的，"张博的话把A君带回现实的工作场景中，"你知道，竞争对手德馨集团支付给华新的价格差不多是我们的1.5倍。"

A 君不经意地皱了皱眉头，这一小动作没有逃过观察室里 X 博士的眼睛，他已经了然于胸。

"你们看，A 君目前显然感受到了压力，他意识到对手给予价格超出了自己能够承受的范围，但显然目前没有想到合适的解决方案。事实上，在情绪控制方面，A 君虽然不够老辣，但表现得还是比较平静。" X 博士的评价不多，但让 Simon 和麦可可很是惊讶。而这些细节显然是在日常面试过程中不太关注的。

"我觉得可以这样做，既然华新他们明确提出涨价，那么适当给予涨价是必须的，尤其是现阶段。但对手给予的价格优势是我们无法相比的，我们看看能否从其他方面给予优惠和支持，毕竟双方是长期合作伙伴关系。"说到这里，A 君很自然地用手点了点桌子，"如果仅仅是涨价就能解决问题，我们其实可以再找寻一些其他的合作伙伴。"

张博听到 A 君此番话，说："章总，我觉得您说得挺有道理的，您看要不这样……"

"你们看，他刚才下意识地点了点桌子，这是一个典型的释放情绪的信号。" X 博士说，"他对于自己现在的影响策略比较有信心，情绪上舒缓了很多。"

李睿补充道："A 君在说这番话的时候，其实运用了不少的商业策略，比如注意到竞争对手的价格优势，不着急采取提价的策略，更多强调的是在其他方面给予支持和帮助，从侧面提醒下属不要片面强调价格的问题。"

Simon 此时也饶有兴趣地问道："我注意到，刚刚张博在前面一直反复强调自己没有好办法解决事情，这是我们活动剧情的安排吗？"

李睿解释道："是的，我们的演员是严格按照脚本进行的。为了能够更加有效地开展商业互动活动，我们会设定受测者可能给予的回复，并设计进一步的脚本。不知道大家是否还记得我们之前在设计商业活动时采取的'德尔菲法'，就是为商业活动作准备的。"

大家连连点头称是。

此时，A君所扮演的章总，正努力影响张博接受自己的理念和想法，动作也显得越来越自然，而张博似乎感受到来自上级的种种压力。

"章总，我也想寻找合适的供应商，但显然价格不是我能控制的。现在供应商都不好找，确实没有办法啊。"张博下意识地摊开手掌，作出一副很无奈的样子，"我们上周找了几家供应商进行交流，虽然价格上都能满足我们的要求，但质量无法达标。"

"小张，你这样是不是有推卸责任之嫌？"A君的声调不自觉地抬高了八度。

这一细节引起了大家的关注，X博士提醒大家注意继续观察下去。

"你要知道，供应商的质量管控绝非易事，尤其是刚接触的供应商，更是如此。我们之前和华新第一次接触时，他们的产品质量其实也很差，难以达到我们的要求。但我们也是耐着性子和他们谈论了很久，最后他们不仅接受了我们的理念，而且在这个过程中按步骤实现了我们预期的目标。"A君的口气也缓和了很多……

这一环节的商业活动差不多要结束了。所有评委和观察员从中收获了不少关键信息。之前对于评鉴活动表示质疑的丁伟，也是心悦诚服。他迫不及待地向X博士和李睿请教起来。

"X博士，李睿，你们怎么看待刚刚A君在这一商业环节中的表现？我觉得他的自信心很强，偶尔有焦虑情绪；在影响他人方面有不少偏强势的策略；他能抓住商业价值进行分享，同时也能注意到商业网络关系的重要性。我个人觉得他在这一环节的表现中等偏上吧。"

"丁总，我觉得你说得挺有道理的，尤其是在商业影响策略方面，他确实有自己的想法，而且做事雷厉风行，很符合我们YM集团现阶段的发展要求，因为我们在开拓华东及华中区域时，需要具备创业精神的人。"李睿说到这里，下意识停顿一下，"与此同时，我们对于受测者的评价还需要更多聚焦于此次领导力模型中，对照每一项领导力要求进行打分，你说是不是？"

"是啊，我光注意到这些自己感兴趣的环节，对需要评估的领导力要素考虑不够全面。"丁伟流露出赞许的目光。

再看看Simon，只见他正认真思考着，转动手中的笔，对着打分表，一一给予评分。

A君对自己在这一环节的表现很是满意，但他知道接下来还有多重考验，不能有丝毫大意。十分钟后，第二场考验拉开大幕……

第二场——商务活动2：敦促下属达成业绩

情景模拟

时间：2020年12月17日 10：10—10：40

地点：副总裁章飞办公室

人物：A君扮演的章飞、演员2扮演的李强

观察室：X博士、李睿、李腾飞、Simon、丁伟和麦可可

A君看着手头的资料，要处理另外一件头疼的事情——武汉分公司销

售经理李强的到来。这可是一个不小的挑战，邮件中，李强的怨气可是相当重。

章总：

您好！对于分公司近期的发展，我有一些想法，希望能够有机会和您深入沟通一下。

首先，我为分公司没有达成第一季度的业绩表示深深的歉意，这辜负了集团领导对我们的殷切期望。但请允许我作合理的解释。首先，今年的竞争环境明显加剧，包括德馨集团在内的多家大型公司都在武汉分公司开设办事机构，并针对企业级个人用户开展了有力的促销活动，这些举动带走了我们的一些客户，同时在武汉当地市场也引起了不小的震动。其次，同行业挖角情况极为严重，仅以上个月为例，我们分公司有多位营销负责人接到来自猎头的电话，纷纷给予高薪和发展机遇，邀请他们加入竞争对手公司。虽然我极力挽留，但还是有两位老下属决定投奔新东家，这对我们分公司来说是一个巨大的打击。因此，我们武汉分公司的业绩下滑也是在意料之中的。

另外，我还想进一步了解总部对于武汉分公司的定位。很多同事最近议论说总部对于武汉分公司给予的支持越来越少，我安慰大家说，其实总部也有总部的难处，大家咬咬牙，挺过去就可以。虽然我是这么安慰大家的，但我心里也没有底。所以很希望总部能够给一个明确的说法，这样大家也比较安心。

武汉分公司销售经理　李强

04 选聘高管，增强空降兵存活率

看完邮件，A君想到背景材料所给的信息——因为武汉分公司业绩表现不够理想，总部将原来的分公司总经理余冰调往苏州分公司担任副总经理一职（等于降半级），此外，要求武汉分公司向章总进行直线汇报，而原来的销售经理李强暂代武汉分公司总经理一职（正式任命通知将于下周下达）。即便如此，分公司那边已经有了不少消息，大家对于是否能够完成业绩一直持否定的态度。此外，李强的邮件似乎也表明，其实无法完成业绩也是在情理之中的事。

另外，A君想到的难点是，总部打算在汉口成立华中大区营销中心，这一做法同样让李强感到不安，作为武汉分公司营销负责人，李强很清楚一旦设立大区营销中心，自己的压力将是不言而喻的。

A君显然明白该邮件与背景信息之间的关系，毫无疑问，自己需要达成以下多个重要目的：敦促李强承诺必须达成年前制订的销售目标；要求李强拿出下一季度行之有效的工作计划；稳定和激励李强目前所在的销售团队（有小道消息称，目前已有多家同业机构寻找李强，希望邀他担任营销副总一职）。

模拟的办公室里，看似轻松的谈话透露出一丝紧张情绪。

"老李，最近工作怎么样啊？武汉的压力很大，但要注意身体啊。"A君想起自己在上一个环节中给予下属的压力显然有些过重，在这一环节中适当作了调整。

"章总，目前武汉分公司的情况摆在那里，大家没有办法，确实很难的。"李强的话倒是很直接，大有"死猪不怕开水烫"的意味。

"大家都很难，要鼓起勇气，想想办法嘛。"A君对李强的回答似乎早有预料，表情还是很轻松。

"Simon，你怎么看 A 君的表现？" X 博士如是问道。

"我觉得 A 君在这个环节的表现好像更加自然一些，没有流露出过多焦虑的情绪。尤其是李强已经明确表态存在很大难度的前提下，他也没有急于将自己的观点强加给对方。" Simon 意味深长地说道，"不过，我不确信这是不是他一贯的表现。"

"没关系，Simon，你可以看看他接下来的表现。" 李睿提醒道。

"老李，你不要过多想指标本身的事情，我觉得以你和你的团队的能力是没问题的！你看看，去年你们不是完成了 85% 的指标吗？" A 君用手托住自己的下巴。

X 博士注意到这个动作，看到 A 君眼神中掠过的一丝神色，及时给大家进行分析。

"刚刚 A 君表现得其实已经不太耐烦了。因为李强一直反复在强调没有办法完成业绩，但显然他是希望大家完成这一任务的，尤其是目前的情形下，如果不达成目标对于集团的发展会有很大的影响。所以此刻，他需要更好地调整自己的心态，我们可以看看他接下来的表现。"

"章总，我觉得去年是大家运气好，可是现在竞争对手这么多，而且对手也挖了我们不少人，我也想做好啊，要不您看看总部能不能在资源上给予一些支持。对了，我们集团营销部的徐烨能力就很不错啊，您看看能不能让他临时支援我们一下啊？"

A 君又一次皱了皱眉头，这一动作显然没有出乎大家的意料。

"徐烨自己也有很多事情，当然了，你想向总部寻求支援和帮助也是可以理解的。我觉得你们不妨列出一个具体的行动计划，尤其是接下来如何达成目标，真的要好好商量一下。" A 君的脸色也变得很严肃。

"我觉得行动计划当然是必要的，但是我们之前已经提交过一版了。"

"那你觉得执行效果如何呢？"

"话不能这么说吧，章总，这个计划不如变化来得快。"

"我觉得你还是应该重新制订一个工作计划。这个很重要。"A君用强调的语气说了一遍。

沉默了很久。李强勉强答应道："那好吧，我回头再修订个计划。"

观察室内，大家对于A君此刻表现显然不太满意。李睿观察到大家的表情，解释道："大家觉得A君的表现不够理想，那主要体现在哪些方面？"

"首先，他过于强调自己的计划，尤其是当分公司与集团目标有冲突时，他没有察觉到对方流露出的不满情绪，或者关注到这种不满情绪所带来的负面影响。"麦可可小声说道，显然她不太自信。

"麦可可你说得很对，事实上，他对于自己的计划可能太看重，在强烈人际冲突的前提下，没有从价值共享的角度引发对方主动思考，并采取策略。"Simon向麦可可投去认可的眼光，"你接着说吧。"

"其次，他没有真正将李强目前的处境进行深入分析，引导后者从组织价值角度思考目标达成对于自身及团队所带来的正面影响，尤其是对于下属的激励明显是不足的。"这一次，麦可可说话显得很有底气。

X博士、李睿和Simon都纷纷投来赞许的目光。

李腾飞对于这一结果显然很满意："X博士,在经理人模拟舱的环境下，受测者都会表现出自己的真实状况吗？"

"是的，在刚刚这个环节的商业活动中，A君的表现是非常真实的，他能够有力地推动自己和组织计划的达成，并且有意愿去积极影响他人。

但在这一环节中,我们重点考察其在传递组织价值观、培养接班人和凝聚团队三方面的领导力。但从受测者的表现来看,没有真正将组织的价值观传递给下属,而下属对于目标达成的深远意义缺乏深度的思考,这些都凸显出 A 君在这一过程中存在明显不足和短板。"

"那是不是说他在凝聚团队和培养接班人方面也做得不太好?"麦可可插了一句。

"从目前的情况来看,A 君的表现显然不够理想。"李睿解释道,"在培育下属方面,他没有明确指出下属在计划性上的不足,提醒对方由此而导致业务经营中存在明显的风险。除此之外,在得知对方目前存在不满情绪的前提下,他没有进行充分的安抚和鼓励,这一点显然也是不够的。我们可以进一步验证他这一方面的表现。"

A 君和李强的关系变得愈发紧张。A 君双手交叉,背靠座椅,听李强唠叨自己的想法。A 君觉得挺沮丧的——为什么我说的,他不能接受呢?

谈话的时间终于结束了,A 君长长舒了一口气,他惊讶地发现自己的汗衫有些湿,看样子自己显然有些大意了。好在还有其他环节,只要表现得足够好,应该还是可以的。

第三场——商务活动 3:下属离职

情景模拟

时间:2020 年 12 月 17 日 11:10—11:40

地点:副总裁章飞办公室

人物:A 君扮演的章飞、演员 3 扮演的孙斌

观察室:X 博士、李睿、李腾飞、Simon、丁伟和麦可可

A 君点开电脑里的邮件,深吸一口气,揉了揉眉心。下面将要和一个即将离职的得力下属面谈,目的是挽留他。

章总:

您好!我进入公司已经两年了,自我评估业绩表现尚可,两个月前,我非常荣幸地被破格提拔为生产部经理,也是目前为止公司最年轻的经理。到新岗位后,我很想做出一些成绩,以证明我没有辜负公司高层的期望。但部门同事们对我的态度似乎有了180°的大转弯,有人指出,我上任以来,要求高了,脾气大了,关心大家的时间减少了;业务总监指出我对管理不够关注,需要转变观念,从业务能手转变为管理能手,一时间,我感觉自身压力很大。近期,公司加大了生产指标,显然我身上的担子更重了。上周召开了部门会议,大家指出目前的生产指标不合理,要求我向上级领导反映,但我觉得咬咬牙是可以完成的,会议最终在尴尬的气氛中结束。之后我得知,有同事匿名向公司高层打报告,要求更换部门经理,但公司高层驳回了这一说法。即便如此,我仍感到焦虑,我现在非常怀疑自己不是做管理的料。我觉得人事上的关系很复杂,在这中间的精力消耗也很不值得。所以,我想提出离职,做回我的老本行,找一份技术类的、操心少的工作。

生产部经理　孙斌

A 君对孙斌描述的煎熬心态非常理解。从邮件内容看,孙斌想要离职不是一时冲动,而是事出有因。他面临的挑战几乎是所有从技术人员走向管理者都要面临的挑战,如果他能够度过这个挑战期,将会是非常好的成长。但与此同时，也存在别家公司挖角、想跳槽的情况。如果是前者，我要用什么策略？如果是后者呢？A君在心里盘算着和孙斌谈话的目的：说服孙斌打开心结，坚持管理工作；如果实在困难，至少挽留他继续坚持技术岗位；如果他执意要离职，明确告诉他要走的这条路其中的利害关系，让其三思后行。

模拟办公室里，谈话从一阵寒暄开始。

"孙经理，你好！"A君热情地问候，同时拍了拍孙斌的后背。

"您好！章总。"面对这种热情的信号，孙斌很平静，甚至显得有些沮丧。

"今天约孙经理来谈话主要是交交心，最近太忙了对孙经理的关怀不够。"A君边说边起身取了一个纸杯，到饮水机处接了一杯水递给孙斌。

"章总您太客气了！"孙斌显得有点局促，他喝了一口水，抿了抿嘴唇说，"章总，其实我这次来找您主要是想说，经理的人选您还是另请高明吧。我觉得自己实在是没法胜任。"

"孙经理，你的近况我也听说了一些。但是具体是怎么回事还是想听听你个人的看法。这样，我们好好分析一下，具体是什么原因，发生了什么事情。"

"事情我在邮件里都说了，其实我都要走了，也不想再说谁的坏话。我只能说，这工作沾上管理，就不像对着机器那么简单，我不想活得那么累。"

"你说得没错，管人和管机器是不同的。管机器我们输入对的程序和指令，机器就会乖乖听你的话。可管人不一样。"

"章总，我知道您接下来会说管人需要注意一点二点三点，等等。说实话我也参加过培训，也看过书，您要说的那些我都尝试过、努力过。"孙斌情绪有些激动，他又喝了口水。

"老孙，"章总把手搭到孙斌肩膀上，"这样，如果你真的觉得做管理很痛苦，你可以举荐周围的同事担任，你还做回你的技术岗，怎么样？"

听到这里，孙斌苦笑道："章总，您又不是不知道，我也算有点年纪的人了。你们提拔我，也不管我能不能胜任。当然我也是想试试，挑战一下自我。我管不好，弄得大家工作气氛很僵，我是真的没脸再待下去了。"

…………

A君看了一眼电脑，发现电脑提示他下个会议还有5分钟就开始了，情急之下，他说："老孙，这样，我们再考虑一下。今天我们就先到这里吧。"

"好，谢谢章总。我会考虑的。"孙斌说得很敷衍，迅速起身关门走了。

桌上留下一个被捏扁的纸杯。A君不情愿地把纸杯拿起来扔进垃圾桶。然后他长叹一口气，也起身接了杯水喝了下去。

观察室内，评委各自打分完毕，对于A君的表现和得分进行讨论。

"TB公司的演员可是相当入戏啊。"麦可可笑着说，"我的看法是这样。A君第一个目标肯定是想说服孙斌继续担任管理职务，然后，如果孙斌不同意，再挽留他至少坚守在原岗位上是吧，但是我觉得他妥协得太快了。"

"他对肢体语言有一些不恰当的运用，人际敏感度可能没那么高。"李睿熟练地操作着回放遥控器，"大家看这里。"

所有人都挺直背，李腾飞也眯起眼睛盯着显示屏上的回放录像："这是第一次他和孙斌见面寒暄的时候，孙斌很明显对这种过分亲密的人际距离表示抗拒和反感，他明显往距离A君比较远的地方撤离，但是A君还是和孙斌坐得很近。"

"好，我们再看这里，"李睿拿着遥控器快进到 A 君改变称呼的时刻，"这里，A 君想要说服孙斌，他转变了称呼，也试图用身体语言表达对孙斌的影响，但是孙斌明显转了个角度，把放在自己肩上的手巧妙地甩开了。"

"这动作也是安排的啊！"麦可可感慨道。

"是的，肢体语言分析是评分的重要步骤，因此，肢体语言扮演也是我们对角色扮演者的要求，动作和语言都是在脚本里安排好的，目的就是让我们在一个相对可控的情况下观察到受测者的真实能力。"李睿总结道。

第四场——商务活动 4：CRM 系统

情景模拟

时间：2020 年 12 月 17 日 11：50—12：20

地点：副总裁章飞办公室

人物：A 君扮演的章飞、演员 4 扮演的王华

观察室：X 博士、李睿、李腾飞、Simon、丁伟和麦可可

A 君的下一个任务是 CRM 系统。虽然认为这个挑战相对简单，因为这事他以前工作时接手协调过，但他还是认真阅读了邮件内容。

章总：

您好！我中心在推进集团及分公司 CRM 上线实施过程中遇到了较大阻力，对此我深感焦虑。希望您能给予大力支持。以下为我中心 CRM

负责人王华的邮件，主题是"CRM 实施进展汇报"。

按照集团要求，我们应于明年 3 月前完成 CRM 系统项目上线。但至今进展极为不顺，以集团内部为例，多个职能部门都说很忙，无暇支持新系统工作；分公司方面更是直接回绝，说目前业绩冲刺都来不及，系统根本就没有意义。因此，不论是开发还是试运行阶段，我们的工作都很难开展。再这样下去，我们真的不可能按时完成集团交付的任务。您也多次邀请这些部门一起召开会议，虽然每次开会时都说得好好的，但会后执行却总是解决不了问题。要不干脆让集团下个红头文件，压一压这些部门，让他们必须配合，以有效推动 CRM 系统按时上线。

企业管理中心副总裁　段新

这不是上新系统过程中的小抱怨，而是牵涉部门之间的合作问题。A 君发现，在自己公司，这类问题就是很难平衡的、内耗的、每天都让他头疼的事情。他咬了咬牙，抓起桌面上的一张纸，不由得把纸揉成一团，然后用拳头攥得紧紧的，紧接着整个身躯往椅子后背靠上去，双手放在脑后枕着头，似乎在沉思着什么。

"咚咚咚"，三下紧迫的敲门声，CRM 负责人王华进来了。A 君抓住椅子的扶手撑起身躯，隔着桌子，略显疲惫地和王华握了握手。

"说说吧，怎么回事？"A 君这次单刀直入，显得有点不耐烦。

"真的推不下去了。销售部的人真是……又懒又滑头！开始调研的时候说好的先上系统，上了系统又说怎么可以催着我们天天填表呢，我们没时间你找那谁谁吧！结果找了那谁谁，那谁谁又说好好好，我来弄，你等等，我这三件事火烧眉毛忙完了就来填 CRM 啊！"王华气鼓鼓地说。

A君问："那你有什么好的解决方案吗？面对这个情况你都做了什么工作？"

"我能做的都做了，天天跟屁虫一样下到分公司盯着他们操作系统，给予反馈。我们部门的人也有其他任务啊，现在原定的项目计划都延迟了，全部的人都派到分公司跟这个事了，但是几乎没有任何进展。我觉得公司在制度上没有足够重视……"

A君一直听着，不时点头，没有打断。

"好，我会考虑一下的。我们也会下发文件约束这个事情，对不及时使用系统的情况予以绩效考核方面的处罚。我会把这个意思转达给人力资源部，让他们重视起来。"

"这个环节他倒是很沉稳。但是很难说，我一会儿觉得他是真的沉着冷静了，进入角色了，一会儿又觉得他是心灰意冷，不想考下去了。"麦可可摘下耳机，比画着手势对李睿说。

"对受测者的应考状态，我们后续会截取相关的行为片段综合分析。"李睿说，"现在我们还是聚焦在行为方面，把所有和他相关的行为回放看看。"

"所以，在分析出来他是不是想放弃之前，我们还是假定他是沉着冷静的，而不是敷衍应付的，是吗？"麦可可问。

"是，也不是。"李睿答，"在分析出来他是不是想放弃之前，我们需要假设受测者是有意愿展现自己的能力的。但是，要观察在他的展现过程中，具体在哪个环节受测者的什么行为给你留下敷衍、应付的印象。这些行为有没有落在我们评价的关键行为点上，由此对我们的打分形成什么样的依据。"

第五场——商务活动 5：接受业务挑战

情景模拟

时间：2020 年 12 月 17 日 13：40—14：10

地点：副总裁章飞办公室

人物：A 君扮演的章飞、演员 5 扮演的刘东

观察室：X 博士、李睿、李腾飞、Simon、丁伟和麦可可

"X 博士、李睿，完成了前面几项具有挑战性的任务之后，受测者面临的压力是不是会相对小一些？"Simon 问道，他看了看手上的评鉴日程安排表，觉得之后的活动会简单不少。对此，李腾飞似乎也有同样的想法。

"这个说法其实不正确。"李睿自信地说，"我们挑选的每一项评鉴活动，对于受测者来说，都是相当有难度的。如果受测者没有给予评鉴活动足够的重视，没有以良好的状态去应对，或者稍稍掉以轻心，都有可能被淘汰。"

"是的，接下来 A 君要面对的商务活动，同样有很大的挑战。他要试图说服一位犹豫不决的下属去接受一项全新的业务挑战。"大家随着李睿把目光投向了模拟办公室中正在思考的 A 君。

"这件事情可真令人伤脑筋。"A 君看着眼前的邮件和基本情况，在快速思考相应的对策。

刘东，男，30 岁，哈尔滨工业大学机械与自动化专业在职研究生。本科毕业后到飞露集团工作，通过多年刻苦努力和进修深造，刘东已经

成长为一名技术领域专家，先后荣获公司及行业内的多项大奖。因表现出色，28岁时刘东就被破格提拔为车间主任（是飞露集团最年轻的车间主任）。

在过去两年中，刘东表现得中规中矩，多数任务都能够按照公司要求取得理想的成绩；与此同时，在业务管理方面的表现和技术相比，总是存在些许差距。尤其这一年来，刘东在跨部门工作协调中显得有些磕磕绊绊。好在大家认为他在技术方面是专家，因此非常尊重他的想法和建议。当然，性格偏温和的刘东，也很愿意帮助大家解决很多实际问题。

此次，董事会决定引进新技术，通过对整个生产线整合和升级，提高产品技术含量，并形成新的竞争优势，抢占市场份额。而挑选一名合适的新技术项目负责人，无疑至关重要。你第一时间想到了刘东，并将他作为受测者推荐给董事会。高层经过讨论，认为刘东确实是一个不错的人选，但有人直言不讳地指出了刘东身上存在的不足，希望你能够与刘东聊聊，听听他的想法。

就集团目前情况而言，能够在技术领域真正满足要求的人选有限，因此你已经在上周与刘东沟通过一次，但他当时没有明确表态，似乎顾虑重重。你虽然大概能猜到他的想法，但还是希望能够了解他的真实想法，尤其是迟迟未下定决心接手这一任务的原因；同时要努力说服他接手这一具有挑战性的任务，并就他可能遇到的困难或障碍给予指导和帮助。

"章总，您找我？" A君还沉浸在思考中，一个年轻人叩开了办公室的大门，表情略显紧张。

"是啊，找你呢。"此刻，A君像换了一个人，一脸轻松地看着刘东，"小刘，工作那件事情想得怎么样了？"

"我……我觉得自己还没有想好。可能我暂时还没办法胜任这项工作吧。"刘东挠了挠头,一副很迷茫的表情。

"年轻人嘛,还是应该冲劲足一些,做事情不能老是思前想后,你看我……"A君突然话锋一转,"当然了,对自己要求高是好事情,我能理解你的苦衷。"A君轻轻拍了拍刘东的肩膀。

这一系列不同寻常的反应让观察室里YM集团的高管多少有些困惑。

"李睿,你如何看待他刚刚的表现?"Simon注意到X博士正认真地倾听着他们的对话,于是悄悄问李睿。

"我的分析是:A君很希望刘东接手这一任务,但显然刘东还是很犹豫。A君本来还是很着急的,但似乎注意到刘东的情绪变化,下意识调整了沟通策略。"李睿意味深长地说道,"可能是他意识到自己在前一环节的表现存在不足,尤其是在人际关系和辅导下属方面,没有取得预期的效果。操之过急并没有用。"

一旁许久未出声的丁伟此刻也忍不住点评:"刘东低头擦眼镜的这一个细节暴露了他的情绪很低落。而A君注意到刘东的情绪不佳,有意识地用手轻轻拍了下刘东的肩膀,这就是一个积极的信号。"

X博士笑着说道:"看样子通过前期的测评师培训和前面多个环节的实战,大家都有不小的进步,尤其是更加注意受测者在测评环节中的肢体语言所透露出的关键信息。"

"X博士对我们也做了一次评鉴中心测评啊。"麦可可俏皮地吐了吐舌头。

"实际上,每次职业经理人模拟舱工作不仅是对受测者的一次考验,同时也是对测评师的一次考验。"X博士解释道,"所以为了确保评鉴质量,我们会在评鉴活动结束后,对评鉴录像进行回放和观察,以确定对受测者的评鉴是否科学公正。"

"小刘,能不能和我讲讲你现在的主要顾虑是什么,即使不担任项目负责人,也没关系啊。我对你的成长很关心。"A君似乎已经找到了辅导下属的感觉,循循善诱。

"我觉得主要是自己经验不足吧,尤其是在跨部门协调方面,我觉得自己不太擅长。"刘东解释道,"之前和销售部、采购部等部门的合作很不顺利,虽然我多次指出他们在工作中存在的不足,但是大家直到事情发生了,才愿意接受我的建议,我觉得这样工作很辛苦。而现在涉及五个部门,协调管理的难度更大了,我觉得大家可能不太愿意买账吧。比如销售部的王经理之前就说我们做专业的人死脑筋,不懂得变通……"说到这里,刘东做了个很夸张的手势。

"其实你也付出了很多努力,那在这个过程中你觉得哪些方面自己做得还不错?"A君耐心问道,同时身体前倾。

这些动作同样引起了评委们的关注,他们在观察室里记录着A君的言行。

"我觉得我自己还是很热心为大家服务的,我会设定一些预备方案,即使大家不愿意听我的,当出现风险时,这些方案还是能够起到预期的效果。此外,在沟通过程中,我会听取别人的建议,并且将这些建议落实到后期的方案中。例如销售部的小王,曾经提议我们应该在研发中调整某些内容,我们在第一时间进行更正,这也得到了销售部的认可。"

A君脸上露出一丝笑容,说道:"你看,在这一过程中显然你已经注意到和别人的合作方式和技巧。其实你也是可以做得很好的,所以不要轻易否定自己已经做出的成果。"

…………

通过近半小时的对话，刘东明显放松下来，原本环抱的双手也逐步松开，说话的声音也不再低沉；相反，声音快速而有力，甚至很愉快。说到最后，甚至和 A 君开起了玩笑。

"小刘，你现在有信心做好这一项目吗？"

"章总，我觉得问题不大，我有信心做好，就像您说的，事在人为嘛，何况还有您的大力支持。"此刻，刘东看起来信心满满。

"是的，我会大力支持，不过这个项目你要全权负责。"A 君很认真地看了看刘东，伸出手来，"小刘，我现在诚挚邀请你担任这一项目负责人，希望你不要辜负大家对你的期望。"

显然，刘东也被这一情绪感染："我一定不会辜负集团对于我的期望，我们一定会把项目做好的。"

观察室内，评委们和高管们对 A 君在这一环节的表现有诸多的感触。

"我觉得在这一环节中，A 君充分展示了自己的影响力，尤其是在建立人际网络方面，给下属提供了很多实际的支持和帮助，包括当下属遇到困难时，没有一味指责，而是给予鼓励和支持，这些都是值得肯定的。除此之外，我注意到在结束的时候，他还提醒刘东，注意自身所担负的责任，而不要简单认为是由上级领导负责这一项目，我想这一做法同样也是非常可取的。"麦可可仔细分析道，"A 君在这一环节中的表现明显强于在之前的环节，那么是否可以将这一环节中的表现作为重点评判的依据呢？"

"我觉得可以作为重点依据吧，虽然这只是其中一个环节的表现，但他从之前活动中学习和总结了很多东西，就像我们之前说要考察学习力，这不就是很好的体现吗。"丁伟说得头头是道，然后看了 Simon 一眼，"Simon，你觉得呢？"

"我觉得可能作为重点参考依据，会存在一定的风险吧。"Simon 沉思了很久，"今天考察多达 8 个环节，我觉得需要通盘观察受测者的表现，就像之前 X 博士说的，尽管每个环节都会考察对应的领导力，但说到底，还是需要打通评价原理。"

"对的。职业经理人模拟舱兼备评价中心真正意义上的打通评价原理，不拘泥于单一的评价方式和活动，通过全盘浏览受测者的表现，从一致性、稳定性及可发展性的角度评价受测者的领导力优劣势。"X 博士娓娓道来，"前面丁总和 Simon 讲得都有道理，作为此次评价的评委，我们会全面分析受测者的表现。当然需要指出的是，A 君有出色的学习能力，仅仅通过两三个环节的学习，就能够在领导力表现方面有很大的提升，充分证明他在管理岗位上是有很大的潜质的。此外，年龄上的优势也是我们需要考虑的。作为一个创业型的企业，在快速成长的阶段就需要年轻的、有高潜质的人才，切不可仅仅因为管理经验丰富而忽视了真正具备领导力潜质的管理者。"

李腾飞忍不住点头称是。显然，这一项目在现阶段的成果已经大大超出了 YM 集团高管的期待。

第六场——商务活动 6：主持战略决策会议

情景模拟

时间：2020 年 12 月 17 日 14：20—14：50

地点：战略会议办公室

人物：A 君扮演的章飞、由 3 名演员扮演的同事 3 人

观察室：X 博士、李睿、李腾飞、Simon、丁伟和麦可可

紧接着，A 君又参加了主持模拟会议活动。在这场会议活动中，A 君展现出自己的强大影响力，尤其是当大家在关键议题上难以达成一致时，他在耐心听完所有人想法的基础上，果断快速地作出自己的决定。

"综合大家的结论，我初步推断，现在这一阶段，我们应该重点做好以下这些事情。首先是……；其次是……；最后是……。办法总是比困难多，我建议大家拓宽思路，不要只盯着几个难题。否则怎么做好事情？"说到这里，A 君的口气变得斩钉截铁，参会的人员也受到了影响，纷纷表示能够做好这一事情。

在观察室，评委们正在有条不紊地给 A 君进行第一轮的打分。

"我认为 A 君在凝聚团队方面做得比较好，对标我们的领导力模型，他在这两项的领导力得分应该有 8.5 分。"

"我认为在培养接班人方面，A 君表现只能说一般，虽然在个别环节表现出众，但从全局来看，还没有真正从组织未来战略人才储备高度思考，格局略显一般，因此，只能得 5.5 分。"

"我同意你的看法……"

"这一点，我有不同的意见……"

评委们就受测者的表现进行了充分的争论和辨析。李腾飞显然对于这一结果很满意，他和 X 博士在一旁交流。

"X 博士，你认为 A 君的优势和劣势分别有哪些？"

"李总，你不是已经看得很清楚了吗？"

"是啊，但我还想听听你的建议。"

"我觉得他的优势和不足都很明显，对标我们此次 YM 集团领导力模型，A 君在业务方面的领导力最强，不仅抓住了商业机遇，也切实将这些转化为实际的利润点；与此同时，良好的应变力和处理危机的能力，帮助他顺利解决业务中的难题，对人际及团队方面也起到了积极影响；他是一个典型的创业者，强调价值驱动，并主动做出利益最大化的决策意见，因此不用担心他这一方面的表现；相对而言，在团队管理方面，他的短板也很凸显，尤其是当组织面临变革及处在转型期时，他没有清晰地将组织价值观传递给团队成员，当成员发生困扰时所给予的指导也是偏单薄的。当然需要指出的是，他还是比较关注团队氛围的，因此能够将成员聚集在自身周围，这一点可以弥补在团队管理中的不足……" X 博士如同计算机读取数据一般，将对 A 君的评价精确而客观地描述出来，李腾飞不得不佩服。

"那你觉得，我们现在可以录用他吗？"李腾飞多少显得有些着急。

"李总，我觉得你不用太着急，今天我们还有另外两位受测者同时参加职业经理人模拟舱活动。我们待会不妨去观察室看看他们的表现，并在评鉴活动结束后，对他们的评鉴录像全盘回顾一下。我想大概需要一周的时间，就能够给你一个合理的推荐建议。"李睿的话让李腾飞多少有些意外。

"要这么长时间？"

"嗯。我们希望每一次的决策都是谨慎而科学的。失之毫厘，谬以千里。"X博士幽默地说道。

"我知道了，谢谢提醒。"

该聘用谁？

一周后，针对3名受测者的情况，李腾飞和Simon开会讨论。Simon打开此次TB公司顾问提交的受测者分析表（见表4-5），开始点评。

"B君的指标分数是比较高的。他属于通才型，优势是他在各方面都很均衡，没有明显的缺点，他有潜质和我们融合。报告中写到聘用他的风险，比如行动太快，会支配别人，尝试同时做太多事而忽视细节……这些也是我们要考虑的。"Simon说。

表4-5 受测者分析表

	A	B	C
模拟舱指标得分	学习力：6 领导力素质：6 激励他人表现较弱	学习力：7 领导力素质：7.5 各项指标得分比较平均	学习力：8 领导力素质：7.5 计划监督方面表现较弱
特征描述	A是创业型的人。有较强的目标感、一定的社交能力和沟通能力，较为自信	B是通才型的人。他有说有笑，有强烈的但具伸缩性的见解，能真正关心别人，有愿景，有目标感，很想好好做出一番业绩	C是影响型的人。无论在什么地方，C都会成为别人关注的焦点。C的决心和精力，结合创意和创新，会使其成为组织中很有贡献的一员

（续表）

	A	B	C
推荐风险	对不跟从自己路线的人态度很强硬，对有才干、有用的人施加过多的工作压力	行动太快速，会支配别人，尝试同时做太多事而忽视细节	可能会表现得霸道或挑衅，太过仓促下判断，容易感到厌倦
推荐建议	谨慎推荐	推荐	推荐

李腾飞点点头。

"A君的模拟舱分数稍低，我们在观察环节都观察到了，他虽然有一定潜力，但可能目前不是我们这个职位需要的人。"Simon说。

"我回看了模拟舱一天的关键片段，B君在各个方面都展现出训练有素的职业经理人气质。他各方面的能力比较均衡，从公文邮件的回复情况也能看出他有非常高效的工作能力。"Simon接着分析道，"C君是三人中最能灵活应变和最具影响力的受测者。无论是说服下属还是向上级汇报，他都能应对自如，在欢乐祥和的氛围中把事办成，迅速消除隔阂，达成共识。"

"我觉得这几个人都不错。如果有两个名额，应该是B君或C君。再结合他们的简历、从业经历来分析的话，C君更胜一筹。他在过往公司的工作，刚好是我们组织马上将要面临的挑战，虽然他在模拟舱中计划监督一项的分数稍低。"Simon总结说。

"好，差不多了，我看今天的会议就到这里吧。"在封闭的办公室里，李腾飞缓缓走到窗边，静静地思索着。

小结　运用测评提升高管空降存活率

高管空降存活三大法则是：企业高管能力要求相匹配，适应企业文化和组织氛围，能够在上任 100 天以后"活"下来。

● 如何筛选出与企业高管能力要求相匹配的测评指标。结合企业战略、组织文化、治理结构等，通过战略推导、文化演绎、业务分析等模式归纳和提炼出用人标准。

● 如何精准评价。运用切合高管未来不确定挑战情境的评鉴中心测评工具，筛选出匹配的高管人选。

05
业务扩张,快速甄选100名渠道经理

YM集团一方面通过360评估反馈技术指引中层管理人员改善管理行为，顺利实现管理转型；另一方面利用评鉴中心技术进行副总裁的全球选聘，快速提升内部管控能力的同时降低高管的空降风险。从此，在中国这片热土上，一家实力雄厚的本土快消企业，开始角逐全国的纵深市场。因此，YM集团2022年的战略发展方向，将从内部机制和人才队伍的搭建转向外部市场的扩张。伴随着YM集团全国战略的调整，在2020年年终的战略规划会议中，公司高层提出了"飞龙计划"，以实现加速的业务扩张。

"飞龙计划"主要指的是YM集团的全国渠道扩张计划，通过百名渠道经理的批量招聘，实现产品销售末端的开拓和管控人员的快速扩容，抢占中部空白市场，深耕东部成熟市场，在产品的市场占有率方面实现量和质的提升。

从目前YM集团的全国布局来看，销售区域分为四个大区，其中包括华南区、华东区、华北区和华中区，以广州、上海、北京、武汉为中心，向四周的城市覆盖。同类型的产品，在华北区和华东区基本上被外资品牌所占据，本地的各家老字号也占据市场多年，因此，要在这两个大区实现量的突破很困难。

所以，"飞龙计划"要实现市场占有的规模扩张，只有将目光放在华南区和华中区。华南区是YM集团的开创地，也是总部所在地，虽然竞争很激烈，但占有天然优势，况且目前其他同类品牌尚未完全进入华南周边的二三线城市,在这一区域深耕细作是巩固集团的根据地,也是 YM 集团持续发展的重要保证。华中区刚运作半年多,目前的业务主要集中在武汉,而以武汉为中心,辐射到华中区的周边中心城市,抢占市场空白,这也是 YM 集团未来销售的主要增长点。

第一节 试用期淘汰率居高不下

令人吃惊的淘汰率

"飞龙计划"从新财年的元旦后开始启动,前两个月的运作似乎并没有太大问题,只是到了三月的第三周,营销总监丁伟发起了一个紧急的 CLT 会议,李腾飞、周智、Simon 列席参加。

丁伟在会议上说:"目前'飞龙计划'的运作遇到了重大阻碍,一月新加入的 30 名渠道经理经过近 60 天的试用期,普遍出现不能胜任的情况,无法快速承担起渠道开拓的职责。通过试用期考核机制的淘汰,最后只剩下 9 人,试用期淘汰率高达 70%!按照这样夸张的淘汰率,我很担心上半年 100 名合格的渠道经理能否到位。人才补给无法保证,这对我们接下来渠道扩张的市场策略的执行极为不利。"

李腾飞听到这个消息很诧异,看向 Simon,说:"Simon,这是怎么回事啊?"

Simon 面露难色:"按照过去正常的淘汰率应该是 30% 以下,高达

70%的淘汰率说明极有可能是前期的招聘工作没有做到位。"

李腾飞皱了皱眉，继续问道："之前负责招聘工作的是谁？"

"招聘主管李薇，但她在年后就申请离职了，现在接手这块工作的是刚过来的主管林琳。"Simon回答。

李腾飞对Simon说："林琳刚过来，可能还不太了解情况。现在的局面说明我们之前低估了这次招聘的难度，作为'飞龙计划'的第一炮，可不能哑火了。这次渠道经理招聘工作的重要性和优先级需要提高，但现在你又因为薪酬绩效的事情抽不开身，所以我建议再派一个熟手来处理这次招聘出现的问题。"

Simon点点头："我推荐麦可可来主导这次的招聘项目。"

李腾飞表示赞同："嗯，麦可可在之前几个项目里的表现都令人印象深刻，很有责任心，又具备非常强的快速学习能力，就让她接这项工作吧。"

其他会议参与人也都表示同意，因此会议最终决定：由集团组织发展经理麦可可、集团招聘主管林琳、华南区和华中区各两名执行人员，组成新的6人团队继续完成"飞龙计划"中的百名渠道经理的招聘工作，麦可可任本项目的经理。

第二天，Simon就将麦可可叫进办公室，告知了这项工作安排："麦可可，希望你能独自担起这项重任，这是对你过去工作的认可，对你来说也是一次难得的学习成长机会。"

"Simon，谢谢你的信任，给了我一次独立承担项目的机会，我也知道这次100名渠道经理招聘工作对'飞龙计划'的实施至关重要，我一定不会让公司失望的。"

营销总监来施压

麦可可刚从 Simon 的办公室里出来，丁伟就风风火火地来找人了。"麦可可，你们 HR 之前都是怎么招人的？招过来的那批渠道经理一个个蠢得像冬瓜，业务能力差，实在没法教！今年业绩要是达不到指标，我可把你们 HR 全拖去干销售了！"

麦可可迎了上去："老丁，问题根源还没找到，可不能一股脑地把责任往我身上推啊。"她知道老丁一贯的急脾气，试图先缓和一下气氛。

"那我可不管，李总和 Simon 都说了，在'飞龙计划'中，需要批量招聘的百名渠道经理，就由你带着新进来的招聘主管林琳，协调各大区的 HR 主管一块搞定，责任不是你担着谁担着啊？"丁伟一副吃定了麦可可的样子。

麦可可保持着一贯的微笑："是，百名渠道经理的招聘，我当然不会推卸。但是你看，我才从 Simon 的办公室出来，刚刚得知要接手这个项目，还没来得及看材料，之前负责销售团队招聘的李薇又辞职走了，你总得先跟我说说具体情况吧。这样我才知道怎么担这个责任呀。"

原本丁伟是想施加下压力，看到麦可可如此从容不迫地应对，心想：这小丫头，越来越有 HR 经理的做派了，Simon 那家伙还真是捡了个宝，怪不得委以重任。他这才语气稍微缓和了些："年前的战略会议上，我们盘了一下和飞露日化的并购重组情况，组织结构调整和文化融合都已经差不多完成了，只是随着内部运营的稳定，销售端就要开始发力，抢占市场了。渠道经理，以前全国还不到 50 人，今年上半年团队规模就要扩张 100 人。之前李薇招过来的 30 个人通过了试用和考核，却大部分无法胜任。

你看现在都到3月底了，要是6月底还没有满意的100人到岗，别说什么'飞龙计划'，恐怕今年的业绩都要下跌，要变成'飞虫计划'了。"

麦可可眉头一紧，看来这是个棘手活，继续问道："李薇之前招来的30人，考核评估的结果反映他们能力上有哪些不足？"

"销售能力是让我们最不满意的地方，压根就不知道怎么做渠道拓展。其实都是按照3年以上经验来招的，都不知道他们以前是怎么混的。现在只剩下9个人，在数量上远远滞后于原订的计划。"

麦可可惊讶道："这不合格率也太高了！之前负责招聘的李薇没跟各个大区经理了解过业务要求吗？怎么会出现这种情况？"

"我记得梳理业务要求是做过的，聘用标准我也看过，当时没发现有什么问题。但年前招过来的这批人绩效考核很差。"

"居然出现这样的情况，看来事情确实挺紧急。老丁，我需要去华南区了解一下详细情况，才能有个初步判断。"麦可可说，"我明天下午两点就跟林琳一块儿过去看看，保证会尽快处理好这件事的。"

丁伟两手一拍，放心地说："成，这事可全寄托在你身上了，解决了请你吃大餐啊。"

"哈哈，放心吧，我可是已经准备好吃你的大餐了。"

招聘筛选过程失灵

送走了丁伟，麦可可立刻和负责这一块的招聘主管林琳开会讨论。

"渠道经理的招聘出现偏差，严重滞后，你知道吗？"

"嗯，年前聘任的30名渠道经理，已经淘汰21人了。按照这样的淘汰率，我很担心这个月我招的30人也是一样的状况，那我们今年的招聘工作在第一季度就捅了大娄子。"

"是啊，情况确实严重，我怀疑是选聘标准出现了偏差。你这边的招聘流程有问题吗？"

"是按常用的五轮筛选，即简历筛选、心理测试、电话面试、HR面试和业务主管面试五步来进行的。但最后一轮主管面试需要各大区经理来承担，以前人数少还好，他们能一对一面试，现在这么大批量的人数，他们又要处理很多业务，无暇顾及，所以在实际操作中简化到HR面试后就入职试用了。"林琳将一些材料递了过来。

"我们不能寄希望于各个大区经理都能配合这次的招聘工作，毕竟这次和过去不同，招聘量大而且时间紧急。即使他们时间上能够配合，将失误控制在最后一轮面试，但从HR面试这一环节来说，接近70%的淘汰率也能说明招聘工作严重不达标。"

麦可可翻阅着材料，从选聘标准来看，分别是从基本条件、经验要求和能力要求三个方面来确定甄选标准（见表5-1）。

表5-1 YM集团"飞龙计划"渠道经理甄选标准

内 容			基本任职资格
基本条件	教育背景	学历	本科以上
		专业	市场营销、管理学、经济学及相关专业
经验要求	直接工作经验		3年
	相关工作经验		4年
能力要求	专业知识		零售管理，渠道拓展与规划，快消品行业知识
	基本素质		抗压性、应变力、沟通与谈判，客户关系管理

从招聘流程的具体操作来看，基本上也规范。前期简历筛选符合基本资质要求和经验要求的受测者，进入心理测试，以网络作答的方式测试他们能力要求的符合度，然后做第二次筛选，接下来进入电话面试，以及HR 的面试，最终确认受测者是否符合标准，虽然少了最后一轮大区经理面试，但这并不足以说明 70% 的淘汰率就是合理的。一切看起来似乎都井然有序地开展着，问题到底出在哪里呢？

"100 名渠道经理到岗的招聘计划是如何设定的？"麦可可接着问林琳。

"按照原订的人员扩张计划，6 月底之前 100 名合格的渠道经理要全部到位，再考虑到我们过去 30% 的流失率数据，我们的目标招聘人数是 150 名或以上。1 月、2 月由于是春节前后，在数量上没有设定过多的人数，两个月共计到岗 30 人，之后的 4 个月人员招聘速度将加快，增加到每月到岗 30 名，这样就能保证渠道经理扩张计划顺利完成了。只是从现在看来，前两个月招过来的人员淘汰率太大，完成原订计划有些悬了（见图 5-1）。"

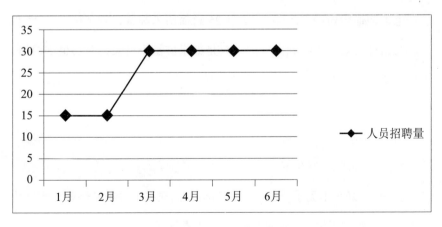

图 5-1　月度人员招聘量

"3月的人员招聘情况现在怎么样？"

"这方面的人才在市场上存量还是很大的，只是刚刚过完年，找工作的高峰期还没到，职位的反响热度一般，但通过招聘渠道的定向挖掘，也还是保证了一定的人才数量可供筛选。"说着，林琳在电脑上点开了招聘系统，向麦可可展示了每一个招聘环节的当前受测者数量(见图5-2)。

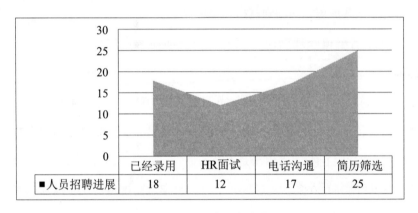

图5-2 人员招聘进展

从系统上看，已经录用的有18人，等待最后一轮面试的有12人，处在电话沟通阶段的有17人，还有25封简历未筛选，看来这个月30名到岗的指标还是可以顺利完成的。只是如果质量不过关，一切也都白搭。麦可可决定向前期负责这项工作的李薇再了解一下情况，于是给她拨了电话。

"Hi，李薇，我是麦可可。"

"是麦可可呀，好久不见。"

"是呀，好久不见了。你方便说话吗？我现在负责渠道经理招聘这块工作，想要跟你了解一下前期工作的开展情况。"

"可以，但那块工作我都交接给林琳了呀，有什么问题吗？"

"年前招过来的渠道经理，经过初次试用后，淘汰率有些大，剩下的也没几个人，我担心这样的情况会影响第一季度人员扩张计划的完成，所以想问一下前期开展的情况。"

"不是吧，怎么会出现这样的情况，是选聘标准出问题了吗？当初可是跟各个大区销售经理和丁总讨论确认过的。"

"我刚刚查看了这次招聘的材料，和林琳也确认过，暂时还没有发现什么问题。你之前在处理这项工作时，有遇到什么阻碍吗？"

"阻碍倒是没有，只是时间太紧了，又碰上大过年，人员的数量上会有些压力。但流程都是规范的，借助了一些招聘渠道的资源和快速筛选工具，最后顺利地在1月、2月到岗了30名。只是，那么大的淘汰率，应该是选聘标准出了问题。"

"我猜测也是这样，虽然和各个大区销售经理都沟通过，老丁也确认了，但也可能和实际工作要求不符。谢谢你，李薇，我这边再查核一下其他方面的情况吧。"

通过和林琳、李薇的沟通后，麦可可已经全面了解这次的渠道经理人员扩张计划中，人力资源层面上当前的工作情况，虽然还没有发现问题出现的原因，但至少已经开始行动了。麦可可心里想着，明天下午去销售大区走访一下，应该就会有头绪。出于自信，即使面临十分棘手的问题，麦可可也有种从容不迫的气势。

第二节　目标岗位精准定位

深入调查第一线

麦可可知道这一次的"飞龙计划"在李腾飞心里是很重要的战略布局，自从 2019 年公司开始收购飞露日化，到 2021 年这几年时间基本上是在消化飞露日化的产品和市场，调整结束后，YM 集团需要加快纵深市场的开拓了。

这次 100 名渠道经理的人员扩张，主要是给华南区和华中区补充新生力量，目的是深耕细作珠三角区域的二三线城市，以及开拓中部区域市场。因此，这一次人员的招聘，也是在武汉和广州两地进行。除了项目经理麦可可，集团招聘主管林琳、华南区招聘主管美丽，以及华中区招聘主管小艾分别负责具体落实，两个大区的招聘主管分别带有一名招聘专员。所招人员集中于总部培训和试用 40 天，考核通过后再分配到各个销售区域。

麦可可作好了充足的准备后，和林琳一块儿前往华南区销售公司的办公所在地，深入调研在渠道经理招聘上究竟出现了什么问题。

在去的路上，林琳问麦可可："麦可可，你看过招聘的材料了，有什么初步判断？"

"从流程上没看出有太大问题，虽然大区经理因为时间原因很多没有参与最后一轮面试，但经过了四轮筛选也不至于有这么高的淘汰率，我初步怀疑是选聘标准出现了问题，不过也得先跟大区销售经理和在职的渠道经理沟通后，才能下结论。下午美丽会带我们去跟几个绩优的渠道经理聊一下,听听他们对这个岗位所需能力的看法,然后再跟各个大区的总经理开个视频会议,一块来讨论一下这个事。"

麦可可和林琳来到了华南区销售分公司,美丽接待了他们。这些日子美丽和手下一名招聘专员也在为渠道经理的事发愁。

"麦可可、林琳,渠道经理这事是该好好诊断一下了。现在这局面,我都不知道该不该继续招下去,一来真怕到岗人数的指标完不成,二来又怕到头来做了一堆无用功。"

"是啊,这次来就是为了解决这事的,之前我计划的面谈和会议准备得怎么样了?没有需要临时调整的吧。"麦可可回应道。

"都准备妥当了,安排了三位渠道经理,这几个人的绩效评估都挺不错,我通知他们下午2:30开始面谈,现在应该在会议室等着了。我们用一个半小时跟这些渠道经理面谈,接下来我们有半小时沟通一下面谈结果。全国各大销售区域经理的视频会议安排在4:30,到时四大区域的经理都会和我们连线讨论目前出现的问题。"

麦可可、林琳、美丽和三位绩优渠道经理,在会议室里先进行了初步的沟通。几个人自我介绍完后,麦可可开始主持会议:"我想之前美丽跟大家都沟通过这次面谈的目的,现在渠道经理这个岗位出现淘汰率过高的情况,所以想找这个岗位的一些绩优人员来谈谈工作上面临的最大挑战是什么,需要哪些能力来应对,我们可以根据这些能力要求来核查一下之前的选人标准是否有偏差。接下来,美丽、林琳和我,分别与你们做一个单独的面谈,希望大家尽可能详细地跟我们说一些相关信息。"

于是,六个人分成三组,开始了详细面谈。

面谈结束后,麦可可、林琳和美丽一起沟通了刚刚的面谈结果。一对照才发现，三位渠道经理所评价的岗位关键挑战和所需能力都不太一样：麦可可面谈的是一位老员工，已经开拓了很多渠道资源，现在的主要工作是长期维护某一市场成熟区域的渠道商；而林琳和美丽面谈的是两位新员工，在 YM 集团工作年限不长，他们面临的挑战更多的是如何去开拓新渠道，但他们所面临的情况也不同，一个是应对中心城市的大型商超，另一个是应对周边二线城市的地方型超市。前者更多的是受到大型连锁超市整体策略的影响，后者则经常被直接质疑产品的销量问题。虽然他们都需要类似沟通谈判、客户关系管理等能力，但因为工作模式和所面对客户的差异性，在工作中展现出来的具体行为也不同。

麦可可心想，如果有这样明显的差异，那之前制定的甄选标准就太粗糙了。"飞龙计划"对招聘人员的要求是能快速上岗，很多受测者虽然有 3 年渠道经理的工作经验，但倘若只是职位名称相同，具体的工作模式和面对客户类型与 YM 集团的完全不同，在工作中肯定会有很多障碍，大区经理们不满意和出现高淘汰率也就不足为奇了。

目标岗位的精准定位

这会儿，华南区销售经理李磊视察完几个重要渠道的促销情况回来了，已经在会议室里等着麦可可她们，见到她们过来，上前打招呼："麦可可，林琳，欢迎，欢迎！下午过来是先跟咱们的渠道经理面谈了吧？"

"是呀，初步沟通，发现了一些问题，我们会议上详细讨论吧。"

远程视频会议已经连通，全国各大销售区域的经理汇聚一堂：华北区销售经理吴科，华中区销售经理王军，华东区销售经理杨立。

麦可可首先发言："感谢各位大区经理百忙之中抽出时间来参加这个

紧急会议,想必大家已经知道,'飞龙计划'中一二月到岗的渠道经理,厮杀后幸存的所剩无几,试用期淘汰率近70%,这个数字说明我们HR团队在招聘的甄选上出现严重偏差,如果继续这样下去,将无法保证有充足的后备人才来支撑不断扩大的业务规模。所以,必须在不良事势扩大之前详细调查并解决这一问题。我刚刚接手这一项工作,对情况还不是太清楚,在这里召集各位渠道销售的专业人士,就是想要深入探讨发生这种情况的原因,以便对症下药。"

这时,华中区经理王军接话:"是啊,解决这个问题太重要了,我还等着华南区过了试用期的渠道经理来我这边正式工作呢。如果最后淘汰到没几个人,今年这仗可怎么打?"

麦可可继续说道:"刚刚我们跟三位绩优的渠道经理面谈了,主要是想了解他们工作面临的挑战和所需的关键能力,获得的信息有很大差异。比如,老资格的渠道经理面临的主要问题是维护渠道关系,而新的渠道经理面临的主要挑战是如何开拓新渠道,开拓的能力又会因为面对的是大型连锁超市还是二线城市的地方型超市等而有所不同。所以,同样是渠道经理,定位不同,实际上是会导致他们面临的挑战和所需能力的不同。"

"没错,看来麦可可对我们的业务模式相当了解。"华北区经理吴科回应。

"所以,今天这会议有一个关键议题,就是'飞龙计划'里的渠道经理精准定位是什么?据我从公司的战略会议和文件中得知,这次扩招的渠道经理主要定位是承接华南区渠道的深耕细作和华中区渠道的大力开拓。首先,从核心职责来讲,他们都将承担起渠道开拓的任务,这将与我们过去对于渠道经理的评价完全不同,又考虑到华南区和华中区有着不同的渠道成熟度，对于渠道经理能力的要求会出现一些差异。这是我目前对这个岗位不成熟的思考，不知道各位怎么看。"

华南区的李磊赞许道："麦可可理解得非常到位，我想我们在平时进行业务交流的时候，也确实体会到因为岗位定位和市场成熟度的问题，对渠道经理的要求差异很大。所以，其实我们也非常希望能够整理出这些差异，不仅在选人的时候标准会更加清晰，而且也便于我们进行差异化管理和绩效评估。"

"这是完全可以操作的，所以我需要你们详细讲解一下'飞龙计划'具体落地到业务层面上的东西，特别是渠道经理在各个销售大区的定位问题，以便我对这个岗位有更精准的判断。"

"好呀，我先来讲讲华东区渠道的情况。"杨立在远程视频里投出了一份报告，"长三角这边同类产品基本上被外资品牌占据了，咱们 YM 集团在这里打拼了好些年，增长相比全国市场来说还是较为缓慢的。渠道经理在这一区域开拓市场，面临着激烈的竞争，而且对手都很强大，所以渠道经理需要有多年工作经验的人，手里有着丰富的渠道资源，才能实现市场的拓展。"

吴科补充道："华北区差不多也是这样的情况，所以我们这两个区域在整个公司层面来说更重要的是战略布局，量的增长是不太可能实现的，只有依靠慢慢地积累资源来稳固区域市场的地位。"

于是，王军接着说："华中区因为去年刚刚筹建，急需一定数量的渠道经理过来开拓市场。中部区域同类品牌的竞争很少，基本上还处于空白区域，但由于周边城市渠道发展还不太完善，除了一些大型的连锁超市，很多是当地城镇的本地超市，运作和管理不成熟，消费者市场也缺乏对我们产品的认知。所以，渠道经理很大一部分工作是与这些店老板的沟通，以及当地消费市场的教育。华南区也是这次'飞龙计划'人员扩张的主要区域，但情况跟华中区还不一样。"

"是的，华南区这边虽然也要扩大渠道经理团队，但和华中区的具体定位很不一样。"李磊说，"这边渠道运作和消费市场十分成熟，竞争也并不比华北区和华东区弱，只是因为我们YM集团是从华南区起家的，扎根运作了很多年，具备一定的竞争优势。我对新任渠道经理的要求是，他们能够非常熟练地承担各类渠道开拓和管理的工作，在品牌塑造领域也有很深的认识，能够保持并提升我们华南区渠道销售和管理的专业化，打造整体的品牌形象。"

这时麦可可心里已经有了初步判断："非常感谢各位大区经理耐心的讲解，通过了解这些信息和之前我们对几位绩优渠道经理的访谈结果比照来看，这次招聘的淘汰率如此之高，很大程度上是因为我们的甄选标准制定得过于粗糙，整个招聘过程并没有体现我们刚刚所谈到的对渠道经理们的定位差异，导致在筛选受测者时不好把握，虽然同样都是冠以'渠道经理'名称的岗位，但要符合YM集团现阶段发展的，还需要更进一步的梳理标准，以体现出我们的具体要求。"

各个大区经理频频点头表示认同。麦可可继续说道："既然初步发现了问题所在，我和招聘团队即刻回去讨论具体的解决方案，三天之内一定给出应对策略。我们会尽快调整之前的偏差，不给咱们前端的市场开拓带来阻碍。在未来的招聘过程中，可能还会有一些事务需要麻烦各位从中协助，在这里先提前向各位表示万分的感谢，希望我们通力合作，圆满完成公司的'飞龙计划'！"

第三节　鉴别"可持续高绩效"人才

寻找"可持续高绩效"的员工

前往销售大区调查后，时间紧迫，麦可可需要迅速采取下一步行动了，在这之前不仅要先向 Simon 汇报诊断结果，还要给出周全的解决方案，以获得公司高层的支持。从目前的情况来看，虽然已经知道在招聘过程筛选标准制定得过于粗糙，没有体现 YM 集团对渠道经理在能力上的独特要求，但是如何改进筛选流程和工具，麦可可心里还没有谱。

这时，她想到了 TB 公司的老同学王明。再说，之前与 TB 公司的几次紧密合作，公司高层对 TB 公司的能力十分信任，如果能让他们介入"飞龙计划"的招聘任务，也会大大降低风险。

说办就办，周六上午麦可可约了王明在咖啡馆见面，谈起这件棘手的事情。

王明问："麦可可，我先问你一个问题，这回咱们 HR 在招聘时究竟是想招到什么样的人？"

麦可可不知道王明问这么简单的问题有什么用意，回答："找到适合这个渠道经理岗位的人才啊。"

"没错，但你有没有想过，什么样的渠道经理才能适合 YM 集团呢？"

"这……"麦可可不知从何答起，"符合我们对这个岗位分析后设定的标准吧。"

"我想说的是，一次成功的招聘，其实是能够为企业找到符合两个大前提的人才，即在这个岗位上能有高绩效的表现，并且也愿意与企业长期共同发展的人才。"

"这个我认同，只是你的用意是？"麦可可觉得这么简单的道理应该谁都懂。

王明接着说："为了发现潜在的'可持续高绩效'员工，其实也就表示，我们的甄选过程和标准分别指向两类最终目的：一类是识别出潜在的高绩效的人才，另一类是有意愿、有动力持续在目标岗位上创造价值的人才。前者是能力上的评估，后者是态度上的评估。"

"的确是这样。所以，我们之前在素质要求上都包含了这两块，比如'抗压性'和'沟通与谈判'什么的。"麦可可对王明的说法表示认同。

"那在我们这次的招聘过程中，是如何体现按照这些素质要求去筛选的呢？"

"这个在第二轮的心理测验和之后的一对一沟通中都会体现，比如在心理测验上我们会对受测者所有的素质能力进行考核。通过了心理测验之后，我们在一对一的沟通中，通过询问他们的过往经历，也会评估一下对应的各项能力。"

"OK，可以让我模拟经历一下招聘过程吗？"

"当然可以，假设我已经通过了你的简历，接下来你要参加心理测试，在线作答。"说着，麦可可点开了心理测验的网页，让王明进行模拟测试。

不到一刻钟，王明就已经答完题目，麦可可调出了报告，发现各项能力都挺高。

"接下来，该对我进行模拟面试了吧？"王明指引着麦可可进行下一步。

"是的，下面是电话沟通和 HR 面试，我把两轮合并，给你做个模拟面试。"

接下来，麦可可调出面试提纲，提了几个常用的面试问题，例如"你要如何解决人际冲突""当团队出现分歧时，你会如何促成统一""你是如何维护渠道客户关系的"等。

王明一一回答，显得非常老练。演练结束后，王明问麦可可："通过这样的评估后，如果我是受测者，你会录用我吗？"

"当然会，你的在线测试结果很好，我提出的面试问题你也回答得非常不错。王明，看不出你对渠道经理这个岗位很熟悉啊，要不来我们公司吧，哈哈。"

王明笑道："可是我压根就没做过渠道经理啊，更不知道 YM 集团的渠道经理具体会处理哪些问题。你看，毫无经验的我通过筛选环节了，更何况在大批量招聘过程中，不知道会有多少不能胜任岗位的人通过。"

"看来，这甄选标准果然很粗糙，如果没有大区经理把最后一道关，单凭 HR 肯定会出现很大偏差。即使大区经理们在最后一轮严格把关，但前面几个环节形同虚设，大部分不合格的人选需要在最后一轮被筛选出局，这不得把他们都累死啊。但是，该如何调整呢？总不能要大区经理们在每一个环节上都跟着吧。"

"面试的问题我们暂且不论，先来看看在线测试这个环节。这个环节其实承担着很重要的批量筛选职责，前期通过系统自动筛选出符合基本条件和有经验的人，再进行在线测试淘汰能力上不符合的人。倘若应聘者的基数足够大的话，这个自动化的处理过程应该能够筛选掉一半以上的受测者。"

麦可可随即点开测试系统后台的数据统计："理论上是这样的，但是我们的后台数据显示，通过这个在线测试淘汰的人数寥寥无几，大部分人都能够进入下一轮电话沟通。"

"所以出现招聘偏差问题，主要是源自这一环节的筛选机制。我刚刚花了不到一刻钟做完了测试题目，测评结果显示我在很多项上得分较高，并不是我真的有丰富的渠道经理经验，而是我知道该怎样进行选择才是比较好的结果。"

"确实是这样，被测者很容易就猜测出你想考核什么，更何况是要去考察这些有着 3 年渠道工作经验的职场老手。但是，在线的能力测试不都是这类型的题目吗？"

王明纠正道："这只是测评技术的一种，是心理学上常用的自陈题类型。这种题目的关键在于，通过被测者反馈自己习惯的行为来考察被测者所拥有的特质。比如'你是更喜欢跟朋友交往还是喜欢自己独处'这类型的题目。"

测评 × 档案之十一：自陈式的题目形式

一、是非式

提供一个陈述句或问句，并列出"是"和"否"两种选项，要求被测者选择其中的一个选项。例如：

我喜欢看机械方面的杂志。是□　否□

你曾无缘无故觉得"真是难受"吗？是□　否□

二、折中是非式

提供一个陈述句或问句，并列出"是""否"和"不一定"三个选项，要求被测者选择其中的一个选项。例如：

在群众集会中，我：

A.谈吐自然　　B.介于A、C之间　　C.保持沉默

三、选择式

每题陈述两种个性特质(A、B),让被测者根据自己的意见选择其中符合自己实际情况的一种。例如：

A．我常批评那些有权威和有地位的人。

B．在长辈或上级面前，我总是感到胆怯。

四、文字等级式

提供一个问句，同时列出几个程度不同的描述，让被测者选择。例如：
我往往把事情看得很复杂？总是□　通常□　有时□　几乎没有□

五、数字等级式

实际上是文字等级式的变式，只不过是将文字式选项改为数字式选项。例如：

你对自己的工作满意吗？

1 满意　2 不满意　3 非常满意　4 无所谓　5 非常不满意

麦可可点头表示理解，王明接着说："要评估受测者两个特质'高绩效'和'可持续'，'高绩效'体现的是受测者能力的高低，'可持续'体现的是受测者适不适合我们的企业文化和岗位工作特点，以及工作态度上积极与否。前者可以通过外在行为的观察来评估高低，后者要探查受测者心理的一些因素。心理学上常用的自陈式量表在探查心理因素时有着天然优势，只要题目设计巧妙，选项不分好坏，受测者还是愿意表露出自己习惯性的一面。这样，我们就可以用低成本的技术来发现受测者是不是会跟企业长期共同发展。但是，如果用自陈式的题目来测量能力的高低，就会

出问题了，不管设计得多巧妙，在被测者看来还是有很高的'社会赞许性'。比如，'与团队意见出现分歧时，你会选择摆出观点讨论还是隐藏自己的观点'，我一看就猜是要考察沟通能力了，于是会有倾向性地选择答案。所以，不能通过这样的作答就判断我的沟通能力强，因为这最多反映我在心理上的沟通意愿很强，但沟通意愿强的人不一定沟通能力就很强，这中间没有必然的推导关系，有很多很有意愿沟通的人其实可能是一直在做无效的沟通。"

麦可可这才恍然大悟："你说得太对了，自陈式的题目并不能测量能力的高低。我们之前是误用了测评技术，导致对能力的测试出现偏差。那如果我要在线测量能力的高低，该采用什么样的测评技术啊？"

如何全面评估人才？

"我先让你对各种测评技术有一个整体的了解吧，我们要寻找潜在的'可持续高绩效'人才，可以分别从哪几个方面来考核呢？我们对人才测评的理解是基于 IPO 模型来展开分析的。从 Input、Process、Output 三个方面来识别岗位对受测者的要求。Input 代表岗位所需要的'知识和技能'，这个在渠道经理的甄选标准里主要体现在基本要求和经验要求上；Process 代表要将这些知识技能应用到实际工作过程中的影响因素，包括智力层面和心理层面，简单来说，就是考察够不够聪明、态度好不好；Output 代表预测受测者在工作场景中实际展现的行为，分别体现在'对事'和'对人'两个方面（见图 5-3）。在渠道经理的甄选标准里，我们在素质要求上就混淆了认知、心态、行为表现这三类的能力，比如'抗压性'和'沟通能力'就有很大的不同，前者是心态类指标，后者是行为类指标，前者可以用自陈量表来探查心理底层，后者则需要用其他测量技术来评估能力高低。如果没有区分，全都用自陈量表去测量，当然会出现偏差。"

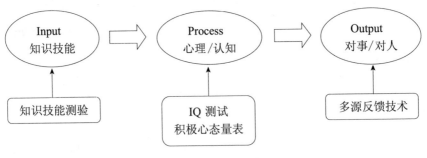

图 5-3　IPO 模型简图

麦可可对这样的人才测评框架表示赞许："经过你这么一分析，如果在招聘甄选时，考虑这些因素，就会十分全面，不容易出现缺漏了。"

"我们再来看看不同的模块，分别用什么样的测评技术更加适宜。知识技能模块因为比较显性，除了能够从学历和工作经验中反映出来，也可以通过传统的知识技能测验来评估；至于智力和心理两个模块，我们也有很成熟的 IQ 测试和态度的心理量表；行为类的指标我们惯常采用的是多源反馈技术，或是评价中心技术。"

麦可可仔细思量了一会儿："我们可以细化甄选标准，将不同模块的考核指标区分开来。知识技能除了看学历和工作经验外，其实各大区都有很成熟的知识技能测验，我们可以将这些题目整合到测评系统里。以前没有考虑到智力层面的因素，对于这些渠道经理可能还需要考察一下'言语理解''判断推理'这样的认知能力。但是，行为层面的能力指标用多源反馈技术来衡量，先不说操作上有多麻烦，评价一个人要好几个人参与，如果是为了个人发展还好，不涉及被评价者的切身利益，但用作选拔工具，我们无法判断反馈者的客观性,很容易出现偏差。而评价中心技术,就更不可能实现了,虽然比较精准,但这么大批量的招聘任务得耗费多大的成本呀!难道行为层面的能力只能通过后续的一对一面试来评估吗?"

王明想了想,说:"前期的筛选过程还是需要能力评估的,不然那么大批量的招聘,哪能一个个问过来。李睿最近主导一个新测评技术的研发项目,好像是采用在线的情境案例测验来考核能力水平的高低。"

"采用情境案例测验?这倒是一个好方法,具体怎么操作呢?"

"具体我还不太清楚,可以找李睿问问,让他拿些介绍材料给你。"

说着,王明拿起电话给李睿拨了过去,将麦可可的情况详细说了一遍,李睿心中有了初步打算,请王明将电话递给麦可可,对她说:"麦可可,很感谢你能信任 TB 公司。考虑到你的时间比较紧,我今天会与王明准备相应材料,明天上午我们会面详细沟通这个事情?"

听到李睿的答复,麦可可总算是放下了焦虑的心,回答:"好,我明天正好去公司加班,研究下一步的行动策略,太谢谢你了,大周末还麻烦你跑一趟。"

"不客气,YM 集团本来就是我们重要的战略合作伙伴,我也希望 TB 公司能和 YM 集团在一些领域有深度的合作。"

招聘有效性关键指标分析

麦可可跟王明谈完回到家后,开始确定本次"飞龙计划"渠道经理招聘的整体方向。明天要和李睿他们讨论,自己心里得有个谱。于是,她做了数据分析。

测评 × 档案之十二：招聘过程的常用分析数据说明

表 5-2 为招聘常用数据表。

表 5-2 招聘常用数据表

指标类别	指标	计算方法
关键绩效指标	招聘计划完成率	实际报到人数 / 计划招聘人数
	人均招聘成本	总招聘成本 / 实际报到人数
	平均招聘周期	总招聘时间 / 总招聘人数
过程管理指标	简历初选通过率	人力资源部初选合格简历数 / 收到的简历总数
	有效简历率	部门选择合格通知面试的人数 / HR 初选合格的简历数
	初试通过率	初试通过人数 / 面试总人数
	复试通过率	复试通过人数 / 初试通过人数
	录用率	实际录用人数 / 面试总人数
	报到率	实际报到人数 / 发出录用通知人数
分类统计指标	招聘渠道分布	不同招聘渠道录用的人数占录用总人数的比率
	录用人员分布	不同性别、学历、层级、职类、区域的录用人数占录用总人数的比率
入职异动指标	招聘转正率	转正人数 / 入职人数
	招聘离职率	离职人数 / 入职人数
团队管理指标	招聘人员胜任率	胜任工作的招聘人员数 / 招聘团队总人数
	招聘服务优良率	服务优良的招聘人员数 / 招聘团队总人数
	内部客户满意度	对招聘工作满意的内部客户数 / 内部客户总人数

第一，招聘计划盘点分析（见表 5-3）。

表 5-3 招聘计划盘点分析

事项	1、2月	3月	4月	5月	6月
原定计划招聘人数	30	30	30	30	30
合格到岗人数	9	进行中，已录用18人，人才存量足够，但合格率因选聘标准粗糙无法保证	因前期的试用期淘汰率过高，导致原定招聘计划滞后，在细化甄选标准的基础上，4、5、6月要将目标提升至130人		
月度完成率	30%				
人均招聘成本（元）	4500				
平均招聘周期（天）	21				

看到这些数据，麦可可心里明白，虽然之前的招聘计划是按照目标人数的150%来制订的，但从1月的反馈数据来看，招聘计划基本上是打了水漂，也导致人均招聘成本和招聘周期居高不下。2月延续1月的招聘策略，录用人数上虽然不成问题，但是最终的合格率也是无法保证的，1月和2月合计预估能完成渠道经理100人招聘计划的15%。这样3月、4月就得完成至少85人的合格到岗人数。按照公司过去正常范围的淘汰率1∶1.5，那么后3个月就得将招聘目标提升到130人的录用量。除了要细化本次的选聘标准，还要在一个月内找到40多位合适的受测者，对于6人招聘团队来说压力十分大。

第二，招聘过程管理指标分析（见表5-4）。

表 5-4 招聘过程管理指标分析

事项	1月统计	偏差原因
简历初选通过率	72%	投递的合格简历数过少，外部人才池存量不足，甄选标准待进一步明确
在线测评通过率	85%	只是采用单一的心理测量，并不能反映候选人工作能力的高低，用心理底层的测试风险较高

（续表）

事　项	1月统计	偏差原因
电话面试通过率	90%	电话面试过于随意，只是简单了解，无法达到有效筛选的目的
HR面试通过率	68%	因批量招聘的时间问题，缺乏业务部门人员配合，HR面试精度欠缺
试用期通过率	30%	因为前面的招聘步骤无法达到有效筛选的目的，造成试用期内大量人员淘汰，带来成本损耗

从表5-4的分析结果来看，制定的甄选标准无效，让前面四个环节的筛选出现重大偏差，结果导致试用期的通过率急剧下跌。

IPO人才测评模型

第二天上午10：00，李睿、王明来到YM集团。李睿刚一坐下，就直奔主题："麦可可，昨天王明已经将YM集团在渠道经理招聘上遇到的问题详细转述给我了，如果理解没有偏差的话，我们HR招聘团队要在接下来3个月时间内，找到130多位合格的渠道经理。由于之前的甄选标准还很粗糙，使用的筛选技术也比较单一，目前需要重新梳理。"

"没错，你可以看看我们分析出的招聘过程出现偏差的原因，刚刚还在和林琳讨论这些问题，最终判断确实是出现了这样一系列的偏差，才导致1月、2月的淘汰率急剧升高。"麦可可将刚刚讨论的招聘过程管理偏差分析报告递给了李睿。

李睿快速浏览报告后说："我们也根据你所提供的信息作了一系列的偏差分析，结论基本一致。那么，麦可可你希望TB公司从中协助YM集团做些什么呢？"

"李睿，我昨天也进行了本次招聘关键绩效指标的分析，发现在接下来两个月内要实现'飞龙计划'的招聘目标，3月、4月需要录用85人。但对于6人招聘团队来说，无论是时间上，还是人数上，都超出了其能力范围。所以，我初步的构想是希望能和第三方人力资源服务机构进行合作，解决我们外部人才池的存量问题，以及甄选标准和技术准确定位的问题。"

李睿点了点头，取出笔记本电脑，连上投影仪，说："麦可可，看来我们对于解决这个问题的基本方向判断非常一致，昨天我和王明就是在准备这样两个 offer：一是如何利用我们海量的外部人才池和专业的招聘外包服务团队，为YM集团提供渠道经理的精准搜索和定向挖掘；二是如何利用我们成熟的人才测评模型和技术，细化YM集团本次招聘过程中的甄选标准，寻找到未来潜在可持续高绩效的种子。"

王明补充说："我想让HR团队更头疼的应该是第二个问题，就是怎样采用正确的甄选标准和工具，因为从目前的不利局面来看，虽然我们之前有足够的简历和标准的筛选流程，但正是因为甄选标准过于粗糙，才导致这一切形同虚设。如果这一块的问题没有彻底解决，那么即使找到再大量的外部人才池，也是无法保证最终质量的。"

麦可可表示认同："你说得太对了，这就是我最大的担忧啊！"

"好的，那我们先来详细沟通一下如何解决这个最大的担忧。"李睿将已经打印好的纸质材料递到了麦可可和林琳手里，并就投影中展示的PPT详细地讲解起来。

麦可可在和李睿的沟通中，深入了解了TB公司人才测评架构以及与之相匹配的测评技术。正如王明所介绍的IPO人才测评模型，TB公司将"可持续高绩效"人才的评估分为 Input、Process、Output 三个层

面 (见图 5-4)。

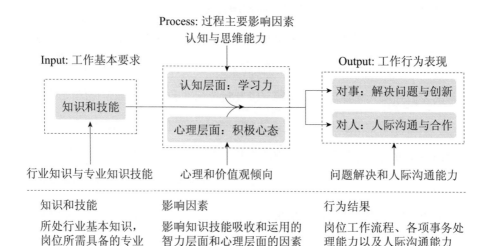

图 5-4 "可持续高绩效"人才评估模型

Input 层面。这一部分体现了工作岗位上对人才的基本要求，包括所处行业的基本知识、岗位的专业知识技能等。只有具备足够的知识技能，才能正常开展工作，这是岗位任职的基本条件。一般在招聘过程中，可以通过教育水平、技能认证、工作经验等信息来简单确认受测者的知识技能水平，也可以利用传统的知识技能的考试题来进行评估。

Process 层面。在具备足够的知识技能后，怎样在工作中持续有效地运用，还包括两个过程中的主要影响因素，一是认知层面，也称为学习力，主要反映的是受测者能否持续地学习知识技能，以有效应对工作中出现的新挑战；二是心理层面，包括积极心态和价值观，主要反映受测者在工作中是否有足够的心理动力，同时也考察受测者与组织氛围的匹配程度，以评估受测者未来的工作态度。

Output 层面。这一部分表现为受测者在具体工作场景中的行为展现。即使具备了充足的知识技能，也有着不错的认知能力和心理动力，但要在工作中最终达成高绩效，还需要在行为层面上展现出来，以实际行动来推动绩效达成。在理论层面上，主要分为两类：一类是对事，也就是如何解决工作的具体问题并实现创新；另一类是对人，在实际工作中体现为如何进行人际的沟通与合作。

PSA 测评技术

深入了解了 IPO 人才测评模型，麦可可表示："没错，以这样的人才测评架构来评估应聘者，非常全面。Input 和 Process 层面的评估方式很好解决，之前一直困扰我的问题是如何进行 Output 层面上的测量？采用 360 评估技术，在实际操作中总是有所局限，有一块盲区始终无法覆盖，那就是当面临大批量人群的招聘和选拔时，如何通过行为层面上的能力评估来进行筛选？"

"我们需要一种测评技术来填补这块空白，既可测量行为层面上能力的高低，也能用于招聘晋升而不受人际关系的影响，同时成本较低适合大规模试测。基于这样的判断，我们提出了一项新的测评技术，即 PSA（Problem Solving Assessment）技术，对实际工作中出现的情境，采用纸笔化的形式再现，再通过看受测者如何选择对应的各种行为来评估其能力的高低。PSA 技术主要适用于大批量人群的招聘选拔和盘点发展。目前 PSA 技术的开发理论已经成型，并且在过去半年里，多家企业进行了实践，取得了非常好的效果。我先从测评技术的角度整体上给你做个详细的讲解，其实有些测评技术我们 YM 集团已经用过了，我这里总结一下是想让大家更系统地了解一下它们的优缺点。"李睿说。

在 TB 公司的研究中，根据测评技术特点将人才测评分成了四类（见图 5-5）。

心理测评技术	评价中心技术
定位：基于积极心态的快速筛选产品 亮点： • 性价比高 • 题库大、防作弊、支持海量筛选 • 便捷、快速（IT界面、报告界面、测评操作简单） • 跨地域、无时限、随心所测	定位：再现经理人管理能力的高仿真评估 亮点： • 高绩效预测 • 全方位度立体扫描
360评估技术	PSA技术
定位：基于高绩效管理行为的多源诊断 亮点： • 以卓越管理行为为标尺 • 通过多源反馈，帮助发现未知的自己 • 以发展为目标，提供JIT的反馈	定位：基于问题解决的判断测验 亮点： • 基于岗位的定制化设计 • 目标导向的测评产品 • 快速、便捷，将实习期前置

图 5-5　四类测评技术

第一类是"心理测评技术"。主要指的是人格评定、心理健康评估等方面的自陈式量表，是一种要求受测者自行报告，回答他们在各种情况下的行为等问题的测评技术。这些纸笔测验的题目涉及态度、兴趣、价值观和能力倾向等维度，受测者被要求表明每个叙述句和自己的情况相符合的程度，或对每个题目的同意程度。自陈式量表法是最常用的人才测评方法，不仅可以测量外显行为（如态度倾向、职业兴趣、同情心等），同时也可以测量自我对环境的感受（如欲望的压抑、内心冲突、工作动机等）。

心理测评技术的优点是可操作性强，能采用标准化的测评形式，简单易行、成本低、可大规模施测，方便进行基础素质的诊断。局限则是题目的社会赞许性强，参与测评者容易弄虚作假，测试中的问题倾向明显，求职者往往可以不费吹灰之力就能使自己看起来非常适合某项工作。比如，为了谋得推销员的职位，求职者可以在自陈题的作答中刻意使自己表现为外向型性格的人。正因为测评题目容易被钻空子，所以对量表的设计要求极高。

第二类是"360评估技术"。是指与被考核者在工作中有较多接触、对被考核者的工作表现比较了解的不同人员，从不同的角度对被考核者进行绩效或能力评估，评估完成后根据确定的不同评价者的权重得出一个综合的评价结果。这些评价者包括：来自上级监督者的自上而下的评价、来自下属的自下而上的评价、来自同级的评价、来自企业内部的支持部门和供应部门的评价、来自公司内部和外部的客户的评价，以及本人的自我评价。

它的优点是评价综合、全面，避免考核的片面性，能够通过他评和自评的比较来发现能力上的潜力和盲区。局限则是考察方式过于烦琐，评价一个人需要好几个人参与，考核成本也较高，使用范围受限制，同时结果容易受人际关系的亲疏远近影响，如果牵涉利益关系，容易流于形式，无法反映工作中的实际表现。

第三代是"评价中心技术"。评价中心是一种包含多种测评方法和技术的综合测评系统。一般而言，它总是针对特定的岗位设计，实施相应的测评方法与技术。通过对目标岗位的工作分析作业，在了解岗位的工作内容与素质要求的基础上，事先创设一系列与工作高度相关的模拟情境，然后将受测者纳入该模拟情境中，要求其完成该情境下多种典型的管理工作，如主持会议、处理公文、商务谈判、处理突发事件等。在受测者按照情境角色要求处理或解决问题的过程中，测评师按照测评方法或技术的要求，给出各种工作挑战，观察和分析受测者在模拟的各种情境压力下的心理、行为表现，测量和评价受测者的整体胜任素质。

像"经理人模拟舱"这种评价中心技术因为采用了多种测评形式组合，根据岗位特点设计模拟情境，在所有测评技术中预测效度是最高的，但是因为这种测评技术操作起来十分复杂，需要专业的测评师参与评估，同时会花费很多的时间和很高的成本，受空间物理条件限制较大，并不能够担当大规模的筛选工作，更多的是用于管理者的选拔和盘点上。

第四类是"PSA 技术"。TB 公司自主研发的 PSA 技术理论原型源自国外广泛用于人才选拔的测评工具 SJT(Situational Judgment Tests)，也称为情境判断测验。它通过向应聘者描绘与工作相关的问题情境，让应聘者评价或选择与该问题相关的系列行为反应，从而判断应聘者是否具备该工作所要求的胜任特质。心理测量学领域对情境判断测验的应用可追溯到 20 世纪 20 年代，最初用于军事人才选拔，近年来才逐渐引起国内外研究者的关注，开始用于人才选拔。

相对于心理测评技术、360 评估技术、评价中心技术属于传统测评技术，PSA 技术更直观、更便捷、更经济（见图 5-6）。

PSA 技术主要有四个特点：具备更高的表面效度；开发成本较小，然而效标关联效度较高，针对管理岗位以及需要人际技能的岗位；与智力测验以及工作经验、工作知识有较高的相关性；相比于传统的心理自陈式量表测验，它具有隐蔽性，不易作弊，可测量能力水平高低。

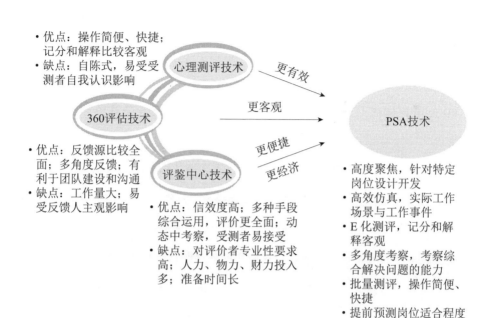

图 5-6　PSA 测评技术与其他技术比较

麦可可听完李睿对四类测评技术的详细讲解后，醍醐灌顶："看来这次渠道经理招聘要进一步细化甄选标准，想考查行为层面能力的话，非 PSA 技术莫属了。我们十分需要一种测评技术，既要能还原实际工作的具体情境来考察受测者的能力高低，又要能以低成本在大规模招聘中广泛使用。"

李睿听到麦可可作出这样的表态十分高兴，看来这次和 YM 集团的项目合作十有八九是成了："没错，TB 公司提供给 YM 集团的 offer 正是 PSA 技术，可以进一步细化渠道经理的甄选标准，以更精准地定位所需人才。"

PSA 技术七步法

听到这里,麦可可进一步问:"那么,可否跟我们详细讲一下这次 TB 公司具体怎么运用 PSA 技术来帮助 YM 集团破解渠道经理的招聘难题?"

"没问题,基于我们前面介绍的 IPO 人才测评模型和 PSA 技术,我们再确认一下采取下一步行动策略的前提条件:首先,Input 层面知识技能的考核,与 Process 层面认知和心理的考核,我相信在 YM 集团之前的招聘实践中已经有了足够的积累,这两块的测评题目也是成熟的。"

麦可可点点头:"是的,之前在 TB 公司的协助下,这几块测评技术的内部运用已经非常成熟,题本也是每年都在更新。"

李睿接着说:"所以下一步的关键在于,我们需要精细地梳理华中区和华南区对渠道经理要求的差异,这种差异可能无法在大的岗位名称或工作职责中呈现出来,但会显著体现在工作的具体环境和行为中。我们要深度分析渠道经理在不同的区域和市场环境下,需要迎接的挑战和展现的行为策略,并应用 PSA 测评技术开发情境题本,将其整合到我们的招聘过程中来。这就包括:确定差异化的能力模型;收集并行的工作情境案例;开发情境测评题目,并保证信效度。这三大环节其实都可以合并到 PSA 题本开发的七步法。"

通过不断完善 PSA 技术原理,并与多家大型企业合作开发 PSA 题本用于外部招聘和内部培养,经过多次的实践,TB 公司最终确定了 PSA 技术应用过程所采用的七步法。操作流程如图 5-7 所示。

05 业务扩张，快速甄选100名渠道经理

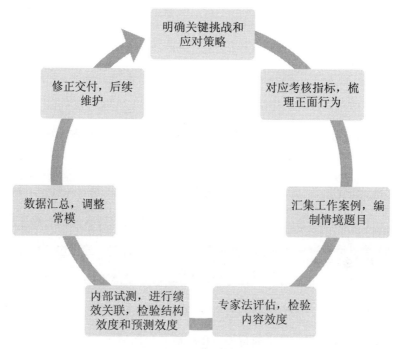

图 5-7　PSA 技术应用七步法

第一步，明确关键挑战和应对策略。根据本次华中区和华南区对渠道经理的不同定位，以及两大区域市场成熟度的显著差异，需要区分两类访谈群体，分别从华中区和华南区选取相应的绩优渠道经理，从岗位的关键绩效领域切入，采用行为事件访谈法和现场观察法，收集这些绩优人员在日常工作中所面临的各项挑战，以及他们的行为策略。再根据这些行为策略推导出不同类型的渠道经理在具体能力要求上的差异。这一步一方面是为进一步梳理甄选标准做准备，另一方面是为候选 PSA 开发积累大量案例。

第二步，对应考核指标，梳理正面行为。在确定关键挑战和应对策略后，将会参照 TB 公司多年项目经验所沉淀下来的考核指标库，根据挑

战和策略对应出具体的考核指标，每一个考核指标下面，将涉及多项行为的正面展示，每一个行为点将链接上一步关键挑战和策略的分析，通过再现具体工作场景中出现的各种问题来进行考察和评估。这样，就能很清楚地知道，面对在实际工作情境中出现的各种问题，受测者如何展现他们的应对能力，以及这些能力之下所呈现的正面行为和负面行为分别是什么。

第三步，汇集工作案例，编制情境题目。基于整理访谈中汇集的大量案例，参照过往的项目经验所积累的材料，进行情境题目的编制。情境、问题/任务、行为选项、评价分数/结果，是以 PSA 技术为核心测评题目的四大关键要素。情境指的是测评题目中给受测者创造的工作环境和赋予的角色的描述；问题/任务指的是受测者在这一情境下面临的问题及需要承担的任务是什么；行为选项指的是出题人预设的几项行为，这些行为在该情境任务中有可能是正面行为，也可能是负面行为；评价分数/结果指的是出题人对每一个预设行为在这一情境任务下可能带来的结果进行评估，并赋予有效性的分数。

第四步，专家法评估，检验内容效度。题目编制完成后，将会通过专家法（绩优人员和他们的上级主管）确认所有情境与真实工作环境的贴近度，以及正面行为和负面行为的有效性假设，保证题目具有较高的情境代入感，检验内容效度。

测评 × 档案之十三：什么是信效度？

信度是指测量结果的一致性、稳定性及可靠性，一般多以内部一致性来表示该测验信度的高低。信度系数越高，表示该测验的结果越一致、稳定与可靠。

效度表示一项研究的真实性和准确性的程度，又称真确性。它与研究的目标密切相关，一项研究所得结论必须符合其目标才是有效的，因而效度也就是达到目标的程度。

第五步，内部试测，进行绩效关联，检验结构效度和预测效度。题目开发完毕并通过第一轮专家法验证之后，就会基于题目量的 3～5 倍人数进行内部数据的收集和试测。大批量邀请目前在岗的渠道经理参与测试，积累数据以便进行结构效度的验证，并且通过对参与人的绩效数据关联，验证题目的预测效度。

第六步，数据汇总，调整常模。单纯的题目开发完毕还不是一个完整的测评系统，还需要增加计分标准与衡量尺度，用企业内部的绩优人群，衡量外部应聘人员的胜任度。

第七步，修正交付，后续维护。在前期题本开发过程中，预先保留正常测试题量的 1.5 倍，经过内部试测后，未通过信效度验证的题目将被筛选出来，同时保证至少有足够题量积累常模数据，开始正式使用，每半年再进行一次常模校准和题本补充修正。

三重漏斗筛选人才

"太棒了！这样的解决方案非常便捷高效，通过 PSA 题本开发的七步法，囊括了目标岗位甄选标准的再确立，同时完成情境题目的编撰和常模数据的积累，节省了大量时间，对于接下来的工作开展十分有利。"

"通过这样的操作，我们就能够确定岗位的精确标准，采用正确的技术来进行渠道经理的选拔。接下来，我们也会进一步优化招聘过程的决策机制，让招聘环节和不同测评技术有机地结合起来。"李睿继续提出更进一步的优化思路，"你应该还记得我们过去项目中所提到的招聘筛选环节的三重漏斗理论吧？"

麦可可点头。

李睿继续说："IPO人才测评模型全面评估人才的各个维度，当我们针对不同的评估层面采用与之匹配的技术时，就能在各个维度上得到相对准确的结果。但是我们要如何使用这些结果来帮助我们作招聘决策呢？我们将决策方式分为三种：第一种是'劣汰'，也就是在一些基础要求的考察指标上设定最低分数线，低于最低分数线的受测者，淘汰；第二种是'择优'，聚焦关注目标岗位的关键胜任能力指标，以这些指标的排序来选择排名靠前的固定人数；第三种是用作'参考'，这类考察主要和受测者心理底层素质是否与组织氛围匹配有关，也就是无法通过这些参考因素来单独作出决策，需要结合'劣汰'和'择优'两方面来作综合评估，方能决策。所以'劣汰''择优'和'参考'的因素就构成了我们在每一招聘环节上所作出的三种决策类型，我们称之为'三重漏斗'（见图5-8）。"

麦可可确认道："我这样理解对不对？之前所讲的IPO人才测评模型是从全面评估一个人的角度来进行分析的，第四代测评技术所讲的就是如何根据不同纬度的特点来选择合适的测评技术，而三重漏斗所讲的应该就是如何根据测评结果来作出聘用决策了。"

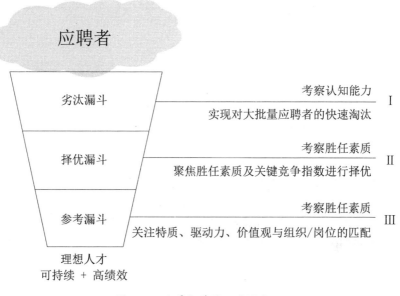

图 5-8 人员招聘的三重漏斗

"理解得非常到位，我们可以回过头来看看，渠道经理的招聘需要进行简历筛选、在线测评、电话面试和 HR 面试四个环节，那么每一个环节都应该设置这样的三个漏斗。比如以简历筛选为例，哪些条件是公司一定要求具备的？没有具备的系统直接筛选淘汰。哪些条件是可以让受测者进入优先考虑群体的？哪些条件是要用来参考的，可以和其他受测者比较优劣再作出决策？只有明确了这三重漏斗的标准，每一个招聘环节才会形成有效的筛选，不会因为筛选者的不同而过于随意化，导致决策不当。"

"之前我们在招聘过程中只制定出了甄选标准，根本没有细化到每一个环节中，应该如何把控质量，更多的是依靠不同的筛选者的主观判断，这样风险和不稳定性就很大。如果我们在每一个环节都准确界定好三重漏斗的标准，就可以很精细化地把控每一个环节所流入的人才质量了。"

听到麦可可的认同，李睿也很高兴，继续讲述如何进一步优化流程："正是这样。我们再来看看需要采用PSA技术的第二个筛选环节，也就是在线测评阶段。在这个环节中，我们整合认知层面和心理层面的测试，同时重点以PSA技术为核心开发了情境测试题目，那我们如何来构建三重漏斗呢？"

麦可可思考了一会儿，尝试着回答："我们会将认知能力的测试结果作为劣汰漏斗，PSA技术测量的行为能力结果作为择优漏斗，积极心态和价值观的结果作为参考漏斗。劣汰和择优是和预测高绩效的目的相对应的，而参考漏斗更关注人才和组织氛围的匹配度以及是否具备足够的工作动力，与人才的可持续性相对应。"

经过一上午的讨论，从"IPO人才测评模型"、"PSA技术应用七步法"到"三重漏斗理论"，麦可可在李睿逐步深入的讲解中，渐渐明晰了后续招聘策略调整的方向。

李睿将材料交给了麦可可，说："在我所给的这份材料里包括三项关键内容：一是以我刚才所讲的各项方法论为基础，如何调整招聘流程和测试内容的具体步骤，时间跨度考虑到本次项目的紧急性，采取多线并进的方式，将保证4月的招聘工作进入正轨；二是解决内部筛选机制问题的同时如何扩大外部人才池；三是这次项目合作在财务方面的成本分析。相关统计报表我已经做好附在正文后面，方便你们整合到汇报材料中，对投入产出进行评估。"

看到这么周全的准备，麦可可与李睿握手告别时，说："李睿，谢谢你,给我带来这么多专业的信息,真是让我对这次项目的成功有了充足的信心。"

第四节　前置"试用期"把好招聘关

高层共识确立会

麦可可在渠道经理这事上的雷厉风行,连 Simon 都被震到了。自从接手"飞龙计划"的渠道经理招聘后,资料查核、深入大区调研、分析报告、引入外脑协助,这些举措一项接着一项,让人眼花缭乱。最后她约了高层开汇报会,商讨下一步的行动策略。

周一下午的会议,参与人员包括总裁李腾飞、营销总监丁伟、人力资源总监 Simon,华南区经理李磊和华中区经理王军也通过视频加入进来。

首先,麦可可向参与者分析本次渠道经理招聘所出现的问题,她将招聘过程的一些数据分析和渠道经理的访谈内容呈现出来,说:"根据我们上周的调研分析,诊断结果是甄选标准出现偏差,招聘过程的筛选决策过于随意。从访谈的情况来看,不同定位的渠道经理在工作中面对的人群、开拓市场的策略、所需的能力都有较大的差异。这些差异在之前的筛选过程中并没有很好地体现出来。因此,在整个招聘过程中的数据反馈,虽然经过了四个环节,也有足够的简历数,却并没有形成有效的筛选,最后导致到岗的渠道经理能力与预期有很大差异，也导致整个试用期淘汰率异常偏高。"

在高层们评估完诊断结果后，麦可可接着说："所以，我们设定的下一步行动策略分两块同时进行：一块是根据华中区和华南区的不同定位，快速重新梳理甄选标准，完善整个招聘过程的决策机制；另一块是为了防止甄选标准的细化带来外部人才池数量的骤减，因此我们需要开展人才分布定位和精准的定向挖掘。考虑到这两块内容的专业性，以及现实情况的紧迫性，我的建议是引入一家第三方人力资源服务机构，借助他们在这一块积累的经验和数据，实现快速调整。"

麦可可打开成本估算表，继续说道："这是我对第三方合作的成本耗费做的一个统计，同时计算了相应的投入产出比，再综合考虑我们本年度的招聘预算。为了压缩招聘人均成本和时间周期，提高人才精准度，我认为本次项目是有足够的空间来引入第三方机构协助工作的。"

李腾飞拿着预算表仔细地核对，这是他最关心的部分，多年浮沉商海磨砺出来的敏锐度，让他对每一笔钱的投入都要评估将来能够获得的收益。"麦可可你分析得很仔细，没错，从成本角度来考虑，包括人力、时间、资金的投入，寻找优质的第三方机构合作是最优的策略，并且能够借助他们的专业性避免出现二次偏差。你心中有合适的供应商了吗？"

麦可可将 TB 公司提供的项目材料和报价递给了公司高管们，回答："我在周末已经和 TB 公司的李睿进行过一次沟通，详细了解了他们提供的解决方案，非常适合我们当前遇到的问题，报价也在我们的预算范围内。"接着，麦可可将项目推进的步骤和原理简要地进行了说明。

李腾飞向 Simon 投去了探寻的目光，希望他能在专业上进行把关。

Simon 阅读完材料后，说："从项目方案来看，TB 公司基础研究工作做得相当扎实。最大的亮点是采用在线测评工具，既解决了传统自陈式量表的局限，能实际测量受测者能力水平的高低，也不会带来太高的成本。PSA 技术的理论源自国外已经广泛应用的 SJT，但目前在国内还远远没有发展起来。从 TB 公司的研究来看，已经消化了大量的国外研究成果，并进行了本土的转化。"

得到了 Simon 的认可，麦可可非常高兴，心想总算没白费心思。这时，丁伟忍不住插了一句："那么接下来如果跟 TB 公司合作，这个时间安排是怎样的？我担心时间上来不及啊，现在人员招聘数量已经远远滞后于原计划了。"

麦可可回答："现在是 3 月底，离 4 月新一轮的招聘还有一周多的时间，所以我们需要尽快启动这一项目，通过一周的时间将细化的甄选标准完成。新一轮的招聘就可以利用完善后的甄选标准和流程了。同时，我们将会整合猎头团队资源，进行外部人才池的定向挖掘，这样就能保证 4 月的招聘顺利开展。"

李腾飞终于拍板："好！非常感谢麦可可，在接手这项工作后的短短几天里，就调查出问题所在，并整合了外部资源，为解决问题提供了周全详细的方案。明天 Simon、麦可可和 TB 公司进行一轮议价，项目就可以启动。到时，还要麻烦丁伟和各个大区经理配合他们的工作。"

细化甄选标准和扩容人才池

麦可可在高层会议上，既考虑到财务成本，又准备了技术细节，并且根据现实情况制定了紧凑的项目时间进度表,可谓是万分周全,在公司高层心里产生了不小的震撼。故此,YM集团和TB公司也顺利展开合作。

本次项目,TB公司派出资深顾问李睿作为项目经理,带领着王明和另外两名顾问,与YM集团的招聘团队深入合作。首先,是如何快速梳理和细化原有的甄选标准。

第一,在确定"渠道经理"的关键绩效领域,梳理实际工作中面临的不同挑战时,为了在不损失结果精度的前提下,加快项目运转速度。TB公司依据麦可可前期与渠道经理和大区经理的沟通材料,采用过去在多次同类型项目中总结出的针对市场终端人员的"销售环原理"来展开FOCUS BEI(简称FBEI,是在已确定能力模型的前提下,通过行为事件访谈测评受测者与能力模型的匹配程度,从而判断其是否具有目标岗位所需要的特质)和工作八小时跟进,识别典型情境和挑战。示例见图5-9。销售步骤与内容见表5-5。

第二,识别完成典型情境和挑战后,根据访谈和观察材料的汇总分析,对每一类典型情境和挑战的应对策略进行能力分析,依据IPO人才测评模型,细化渠道经理的考核指标和甄选标准(见表5-6)。

05 业务扩张，快速甄选100名渠道经理

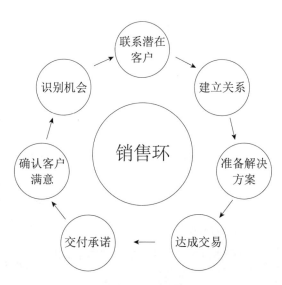

图 5-9　基于关键绩效领域识别典型情境和挑战

表 5-5　销售步骤与内容

销售步骤	内　　容
识别机会	多渠道收集区域代理商的前端数据；识别期望代理商联系信息
联系潜在客户	电话客户；建立客户预约；直接走访
建立关系	理解客户需求；留给客户积极印象；建立亲密关系；布局区域代理商
准备解决方案	识别合适代理商的产品与服务；给出产品与方案建议；确认可用资源
达成交易	成功谈判；达成一致；签署购售合同
交付承诺	内部货品资源调配；监控产品与服务交付过程
确认客户满意	客户关系维护；渠道资源的调配和冲突；各项市场活动的规划与执行；客户的突发事件解决

表 5-6 渠道经理的考核指标和甄选标准

典型工作情境	高绩效行为展现	对应分指标名称	
		岗位能力	底层素质
门店／经销商的布局规划	通过多渠道掌握本行业、产品、渠道、营销模式和区域市场竞争情况	市场意识	
	分析该办事处当前的渠道特点和现有资源	系统思考	
	综合投入产出分析，选择最优布局规划方案	决策判断、商业敏感度	
渠道资源的调配和冲突的解决	搜集渠道现有资源和信息，了解冲突原因	沟通协调	
	从全局角度出发，对各渠道的资源配置计划进行科学的分析和判断	系统思考	
	从维护经销商和消费者利益的角度，平衡各方利益，提出解决方案	客户导向、沟通协调、系统思考、决策判断	
客户关系维护	识别核心决策人，深入挖掘客户需求	人际敏感、客户导向	
	营造良好的沟通氛围，建立稳定的客户关系		
	定期回访，积极响应客户需求		
	在年度业务谈判过程中，有策略地进行谈判，实现利益双赢	商业判断、沟通协调、决策判断	
客户的突发事件解决	积极主动面对客户冲突，不回避并安抚客户情绪	人际敏感、客户导向	情感力
	了解突发事件的原因，冷静地分析冲突	系统思考	情绪稳定性
	以客户利益最大化为目标采取行动，平息冲突	客户导向、系统思考、决策判断	

（续表）

典型工作情境	高绩效行为展现	对应分指标名称	
		岗位能力	底层素质
各项市场活动的规划与执行	把握市场现状和理解客户需求	市场意识、客户导向	
	突破固有模式，引入创新思维，以效率最大化为目标，合理分配资源，制定最优市场活动方案	商业敏感度、系统思考、决策判断	创新意识
	组织和安排相关人员，对过程进行监控，确保活动顺利执行	目标导向、沟通协调	保证落地、快速响应

第三，确定考核指标和甄选标准后，依据应用特点和考核领域，匹配合适的测评技术，特别在 Output 的行为层面，采用 PSA 技术。通过前期访谈观察的材料，以及过往同类项目的案例积累，依据行为层面的考核指标，设计了与之相对应的渠道经理工作困境。再通过"销售环"进行组合，形成一套完整的测试问卷。测试问卷会经过内外部数据的采集，以确定绩优人群主要会选择什么样的应对行为，区分行为选项中的"优秀行为""负面行为"和"一般行为"，并根据绩优人群的分布予以评分。

通过以上的三个步骤，TB 公司细化了 YM 集团对招渠道经理的甄选标准（见表 5-7），并通过 PSA 技术测量受测者在加入 YM 集团后面临各种可能出现的挑战时是如何应对的。这样将试用期前置，很大程度上规避了录用后被淘汰的风险。

表 5-7 细化后的 YM 集团"飞龙计划"渠道经理甄选标准

内 容			基本任职资格
基本条件	教育背景	学历	本科以上
		专业	市场营销、管理学、经济学及相关
经验要求	直接工作经验		3 年
	相关工作经验		4 年
能力要求	知识技能		零售管理、渠道拓展与规划、快消品行业知识
	认知层面		言语理解：具有对语言文字的综合分析能力，善于准确理解他人想要传达的信息，抓住别人话语中的重点； 判断推理：善于发现和理解事物之间的关系，并能很好地运用已有知识对所面临的问题进行分析、判断，思维逻辑清楚
	心理层面		抗压性：在高强度的工作压力下有足够的忍耐力，能正确疏导外界环境对自己的冲击； 应变力：对复杂的人际关系和外部环境有足够敏锐度，在遇到突发情况时展现随机应变的能力
	行为层面	华南销售大区	主要面对现代渠道，通过总部与大型的连锁卖场建立长期合作关系，但如何在具体执行过程中向卖场争取促销资源，是面临的主要挑战，在这些挑战之下，需要很强的流程管理能力和商务谈判能力
		华中销售大区	主要面对传统渠道，如何和区域内优质的经销商建立合作关系，并且管理不同类型的销售终端促销情况是主要面临的挑战，在这些挑战下，需要很强的人际理解能力和创新能力

在细化甄选标准之后，除了开发 PSA 技术测评题本之外，TB 公司还同时进行外部人才池的扩容。凭借细化后的甄选标准，对标外部人才市场的分布情况，精准定位目标人才所在领域，进行定向挖掘，避免出现外部

人才池数量不足的情况。

100名渠道经理顺利到位

短短两周多的时间，TB公司就协助YM集团完成了"细化甄选标准"和"外部人才池精准定位"，在此过程中，也利用"三重漏斗"完善了整个招聘过程的决策机制（见表5-7）。

表5-7 招聘决策机制

	调整决策方式
简历初选	确定简历得以通过，进入下一轮的基础指标，进行劣汰筛选
在线测评	通过认知能力和积极心态进行劣汰，筛选掉结果不符合要求的受测者；再通过PSA技术考核受测者行为层面的胜任素质，进行择优筛选；最后，再综合考虑受测者价值观与企业价值观的匹配程度
电话面试	通过电话面试建立基本认知，针对其优势和劣势各考核一道情景问答题；予以确认受测者的优势领域和劣势领域
HR面试	进行面试，主要聚焦于在线测评结果所呈现出的优势指标和劣势指标；同时采取模拟演练来考核纸笔问卷和电话沟通所无法覆盖到的能力指标
试用期	通过前面四轮的规范决策和精准测量，能够最大程度地将试用期前置，提前将不合适的受测者在招聘阶段就筛选出去，大大降低人员重置成本

通过科学的招聘流程和筛选工具，TB公司协助YM集团的"飞龙计划"招聘小组完成了100名渠道经理的招聘工作，而且将试用期淘汰率降到了15%，比正常的淘汰率30%降低了一半，项目取得了非常不错的成效。

小结　如何寻找"可持续高绩效"人才？

　　TB公司将"可持续高绩效"人才的评估分为Input、Process、Output三个层面。因为四代测评技术各有优劣势，TB公司经过多次的实践经验，最终确定了PSA技术所采用的七步法，筛选人才科学决策的"三重漏斗"。有了科学的招聘流程和筛选工具，YM集团完美地完成了招聘计划。

06

长效互补,企业测评中心"落地"

06 长效互补,企业测评中心"落地"

YM集团立足于国内市场,潜心修炼组织运营管理的内功,积聚实力,与国际快消巨头角逐国际市场已指日可待。通过和TB公司通力合作,YM集团引进了校招在线心理测评、基于360评估技术的中层管理人员能力提升管理灯塔、高管人才猎聘评价中心项目等,只用了几年时间,就顺利实现了人才存量与增量"质"的飞跃。为了让人力资源工作真正成为响应组织JIT人才发展需求的战斗单元,培训自己的测评专家和测评中心项目管理者,YM集团决定再次和TB公司合作,期望用两年时间把一系列项目中使用过的和未来发展需要的测评产品、系统和方法在YM集团落地生根,打造YM集团自己的人才测评中心。

第一节　聪明借用外脑

什么样的企业内部测评中心才是"最好"的?

这几天,麦可可每天都留出一小时的时间,聚精会神地看几家第三方公司发来的企业内部测评中心搭建的材料。她想要知道,究竟什么样的企业内部测评中心才是"最好"的。

她发现有几个共性和差异。

共性是几乎所有的人都提到"转移题库""测评师培训""题本更新",差异是……麦可可哗啦啦翻着不同公司发来的材料,摊在桌面上仔细对比着,"测评师培训"和"题库更新"的时机和阶段不同,同时她觉得还少了点什么。

"测评中心落地是不是简单地把一个第三方公司的测评业务搬进企业?"麦可可在自己的笔记本上写下这句话。

她故意把TB公司的方案留到最后看,主要是想锻炼自己的独立思考和项目架构能力。她不想自己因为接受了一家专业公司的服务,而变得懒惰、不愿意思考了。

直到看到TB公司的方案,她才豁然开朗。

TB公司的方案,除了在测评阶段上有差异之外,在第一阶段就提出了"测评中心运营管理负责人"这点。她看到这点,心里才舒了一口气。TB公司的方案最大的亮点不是理论推导,而是实在的操作流程。

"最好的方案不是只有最漂亮的理论,而是把操作细节写实,有看得见、摸得着的名词和动词,一看就有画面感。"麦可可想起Simon早期训练她筛选人力资源方案时的教诲。她想了想刚刚看TB公司方案时的感受,撇撇嘴,重重地点了点头,表示对Simon"画面理论"的深刻认同。

带着这个画面感,再回看其他顾问公司的方案,发现那些都是"因系统配人"的项目思路——因为买了全套设备和工具,而设备和工具难操作,一般人不懂,所以需要配备测评师。他们是这样的思路,测评师的培训理所当然被安排在了第二、第三阶段。

麦可可的工作盘点

麦可可向 Simon 汇报近期的工作情况。

"担任组织发展经理这段时间,参与实施和主导了几个项目,锻炼了大家的能力。同时我也有一些担忧,过去我们过度依赖外脑,虽说从投入产出来看效果大都非常好,但这种合作模式终究不利于集团内部的长远发展。"

"是的,明年的形势很不稳定。原材料价格、用人成本持续上涨,我们的招聘和培训预算将会缩减 30%,但是人员招聘和发展的需求一直存在。如何平衡这种经费缩减和发展之间的不平衡,这也是我近期一直在考虑的问题。"Simon 说。

"我们现在已经拥有了中基层管理人员、销售人员以及校园招聘的包年使用账号。明年,常规的测评需求应该不会产生太多的费用。费用的支出主要是人员发展培训、人员内部选拔、外部的中高层人员招聘这三个方面。我在想如果能够让 TB 公司的一揽子测评服务在我们公司扎根,在内部培养几个能够推动和做项目的顾问,那就最好不过了。"麦可可说道。

Simon 说:"很好,麦可可,我也在思索如何更好地和第三方公司合作这个问题。我们应该改变和顾问公司的合作模式:从顾问提供全程服务的单次、做完项目就完了这种不可持续的方式,变为我们做主导、顾问作为我们的外脑和智库的方式,节能增效。把他们的系统、题本和方法都拿来为我们所用。不过我还是担心,测评中心的落地,最后变成把一个第三方公司摆在公司人力资源架构下面,成为一个内部的第三方公司,无法发挥更多嵌入和联动效用。人力资源部会觉得多了个没有被打通的、却很有用的模块。公司高层和员工会由于这个模块的存在，收到很多标准报告的文档，放在相关人员的文件夹。"

麦可可说："我觉得总结起来我们内部建测评中心有三大难点：一是没题本；二是不会打分以及对分数进行解读；三是内部测评中心无法和人力资源其他模块发挥联动效应。"

Simon 说："对，TB 公司的研发力量本来就很雄厚，让他们给我们提供测评工具、系统平台的支持和题库的补充，我们内部做人才测评的实施操作。打分和分数的解读，要通过 TB 公司后续持续的阶段式培训和实操指导来完成。只有这样做，我们的投入产出比和边际效益才能最大化。另外，我们的培训体系现在还比较弱，和职级发展体系没有链接起来。如果测评和发展中心都能发展起来，我们人力资源部就能够更快速地响应组织的战略需求。"

麦可可十分兴奋："是的。测评与发展中心我一直都想做起来。培训过后的个人、团队效益难以量化，无法链接到人员晋升发展体系，这种脱节已经逐步逼近我的容忍底线了。这是个很好的时机，我一定会全力以赴。"

麦可可熬了一个通宵，写了份"YM 集团测评中心搭建需求书"给 Simon。Simon 稍作修改后就在高管会议上给李腾飞展示了，并很快就得到了李腾飞的批复："很有价值，可以马上落实。"

收到回复后，麦可可问 Simon："李总对我们的期望是什么，他期待的内部测评中心是什么样的，给我们多少时间和经费做这个事？"

Simon 说："是这样，李总期望我们尽快把外部顾问公司能拿来的东西都拿来，拿来之后马上能用到全员的人才评价。'我想测什么就有什么'，这是他的原话。预算 300 万元，但是要快，半年内完成。"

麦可可听了之后思索着，这么大的项目，而且项目成果是实体的中心，怎么调动非 HR 部门人员的积极性呢？她在笔记本上开始罗列：

内部测评中心给非 HR 部门人的收益是什么？

高管关键收益：成为人才测评专家、随时随地随需的队伍人才盘点。

受测者关键收益：更透明公正的内部晋升规则、测评过程中学到东西、个人发展计划。

写完这些，她觉得还不够，于是她把确认后的整体框架发给李睿，评价说 TB 公司的方案不错，希望做一点修改，要更加明晰企业内部测评中心建立对非 HR 部门的收益。

李睿的电话下午就到了："麦可可你好，材料我看了，很高兴能够有机会合作这个大项目。企业内部测评中心是基于成熟的人才管理测评体系，人才发展的生命周期、转岗、晋升选拔、接班人计划透明化。这将会是人才管理模式的巨大转变，将会给组织战略带来影响。"

"是这样的，李顾问，我们非常想一下子把你们公司所有的流程、工具和方法搬来我们公司。李总的期望也很高，我想知道这样的项目大概需要多久，半年能做完吗？"

"那我想知道半年之后的内部测评中心，李总期待看到什么效果？"

"李总的意思是，半年之后想测什么有什么。"麦可可一字一句地说，"但是我比较担心我们内部人员的调动问题。人力资源部做项目，最怕的就是没人响应和配合。搭建内部测评中心，除了战略上那些宏观的收益之外，能给牵涉的每个人带来什么实际的好处和收益。我觉得我们得把这点想明白，这个项目才能平稳落地。"

"你的提醒很对。"李睿深吸了一口气，"这样，我们把方案修改后再给你。后天你们有时间吗？我们后天见面碰一下？我带上 X 博士。"

两天后，X 博士在 YM 集团会议室解读方案："测评中心落地对于企业来说至关重要。企业建立了测评中心，就可以实施基于战略发展的领导力提升，与核心部门人才 JIT 需求无缝链接：招募、征选、任用、培训发展、绩效评估、组织发展、人力资源规划、晋升和调任、裁员等。"

"怎么做动态链接呢？"Simon 问。

"测评中心可以和业务伙伴协作定义、评估本地策略和定位预测。在做年度计划时，与人力资源部业务伙伴密切合作预测年度招聘需求，与核心部门一起制定测评中心战略、定义特殊的胜任力需求，确保测评中心操作和公司全局的商业计划保持同步，等等。"X 博士答。

Simon 说："是的，这个架构基本上是我们想要的了。安排什么人管理测评中心，如何调动相关人的积极性，这些都很重要，绝不仅仅是题库的转移和测评师的培训那么简单。"

第二节　测评中心四步落地计划

Simon 委托麦可可担任测评中心落地项目的项目经理，全程监督把控。培训主管王丽、培训专员杨程负责全程落地实施。麦可可打算找时间召集大家与 TB 公司沟通，确定工作重点：哪些自建、哪些和 TB 公司合作进行。

06 长效互补，企业测评中心"落地"

Simon 问："李总对人才测评中心给予了很高的期望，麦可可你现在感觉压力大吗？"

麦可可说："压力肯定大啊！虽然公司上上下下都对我们内部的测评中心寄予厚望，但如果把测评结果作为生杀大权的工具，无论是测评中心管理负责人，还是实施测评项目的内部测评师，可能都会觉得压力很大，望而生畏。如何尽量做到公平公正，减少人际关系给测评结果带来的影响，这些日子我在反复考虑这个问题，真的很焦虑。"

Simon 说："一些问题可以用制度去规范，另一些问题就需要我们在实践中逐步调试了。"

麦可可说："我看到 TB 公司的建议书中写的是分四个阶段：第一阶段，建立标准，TB 公司进行系统整合上线；第二阶段，TB 公司助力试运行，负责辅助一期测评师跟进两个测评项目，提供 40 小时电话指导；第三阶段，YM 集团负责；第四阶段，YM 集团全程负责，TB 公司提供更新的胜任力指标库给 YM 集团自行诊断选择。"

项目启动前，麦可可觉得还是有些担心，她有满脑子的问题，一些是和项目实施细节有关，另一些她觉得在公司谈不方便，但是也是推进项目至关重要的因素，于是她约 TB 公司顾问李睿出来喝咖啡。

麦可可笑着说："我想八卦一下，其他公司做内部测评中心都是怎么做的，国内外的知名企业的内部测评中心都长什么样？"

李睿说："测评中心在企业内部的实践，大致有两种取向，第一种是学习发展中心＋测评中心。第二种是测评中心＋学习发展中心。第一种是依托企业的培训中心或企业大学，从引入在线测评工具或者评价中心项目内部操作化开始，进行测评工具培训，帮助学员更好地认识自己，最后通过测评得到报告,将个人版和团队版的测评报告给到公司高层。"

"那第二种呢?"麦可可心想我们公司还没有成熟的培训体系或企业大学,不知道是不是符合第二种。

"第二种就是从搭建测评中心开始,再配套搭建学习发展中心的做法。这种方式适合像YM集团这样的快速发展的企业。搭建内部测评中心需要很多步骤,这个我们在正式会议上沟通。"

麦可可说:"好,其实今天我也特别想知道,操作测评中心项目你觉得最大的挑战是什么?"

李睿喝了口咖啡,笑着说:"最大的挑战是测评中心的反馈,也就是结果解读环节。"

麦可可问:"这个报告解读,你们是会培训我们的吧?"

李睿答:"是的,这个技能是在第二阶段,试行项目阶段,对于测评师的资质要求。我最近的项目,连续6天给40多位受测者做了测评反馈。时间紧、任务重,要在短期内记住所有受测者的关键行为特征,并且写反馈报告。首先,写的过程就是充满挑战的。有时候如有神助,有时候也会卡壳,比如一些表现特征不明显的受测者,或是在不同测评环节表现有差异的受测者,如何对其行为进行解释就成了很大的挑战。"

看麦可可听得特别认真,李睿接着说:"挑战同时还来自于紧张的时间。测评项目一般需要在测评结束后一周内给予反馈。越早、越及时的反馈,对受测者自我认知和成长越有利。所以,在测评结束受测者离开,测评室门关闭后,顾问们的战斗才刚刚开始。讨论分数到凌晨、通宵写报告,都是常有的事情。可以说,我们时刻都在和时间赛跑。"

"没想到光鲜的李顾问有这么多不为人知的辛苦啊!"麦可可感慨道。

"有苦也有乐。比如在反馈现场，大家反响热烈，就很有成就感。我们长期服务的客户更是有第一年能力盘点时分数低，到第二年某些胜任力就突飞猛进的。这是最让测评顾问感到自豪的时刻，也是我喜欢人才测评工作的主要原因之一。"李睿总结道。

YM集团会议室，测评中心落地项目启动会。

"我们为什么一定要建立内部测评中心？"开场寒暄后，Simon问。

"其实，组织更了解员工的优缺点，有助于员工职业生涯的发展；经由测评中心晋升的员工，在工作表现上更符合公司的预期，并且愿意多承担一些责任。但是，这些通过第三方公司也可以达到。"X博士说。

"公司可借由测评中心的结果进行人才盘点，了解员工普遍不足的地方，有助于建构人力发展策略。把人才测评做成组织人力资源的常规、源头。依据员工的测评结果进行人员的任务指派及工作的轮调等。下面是我们对一些成功建立测评中心的客户的回访。"

我们觉得建立内部测评中心后获益良多。因为员工提高了认知。有些人也因此在个人职业发展路径的选择上作了调整。就受测者而言，他们玩得很开心，至少从报告反馈中看得出来，他们觉得蛮新鲜的。对上级主管来讲，员工参加完测评自己看报告对自身待发展方向的领悟，比主管去跟员工讲，收效要大得多。通过TB公司帮助我们进行一些环节的设计，让受测者很容易了解自身的优势和短版，会放大领悟的效果，而且不会那么直接，因为不管是在写个人评估报告或是当场给的反馈，都是用比较正面而不是用攻击的表达方式。我们总裁也说效果很好。

——WP公司组织发展经理

建立内部测评中心已经有两年了，我们很多不错的测评师都晋升了。所以测评中心的效益不是只对受测者有效，企业内部测评师在接触这套东西之后也对胜任力有了了解。整体来说，对提升人员的管理行为有极大的帮助。参加过测评的人，就知道自己的管理能力怎样发展会比较好。测评师的功力也有了提升。

——MW 公司人力资源总监

晋升的人的表现是不是符合我们当初晋升他们时的期望？我们做了调研，他们都反馈说是有的。他们在新的工作岗位上，都会尽可能多地承担一些责任，他们在自身的学习发展上会更有想法。他们觉得测评中心流程虽然很繁杂，但是非常有价值。

——ER 公司招聘经理

Simon 点点头："是的，现在我们认为测评中心是非常有效的。那么要做好，需要避免哪些风险呢？"

"测评中心的运作需要很多人的配合，并且其复杂性也相当高，所以，除了上述提到需要高级主管的支持外，内部各级人员的配合也很重要，如果能适时有专业顾问的协助，将更有助于测评中心的执行。"X 博士答。

"具体来说，需要注意些什么呢？"Simon 问。

"第一阶段，需要特别注意三点。一是流程或制度的设计。设计目标岗位培育训练要点，通过制度建立，将测评中心和人力资源功能作完整且紧密的配合，如果不设计后续的培养发展制度，很可能夭折。二是职能体系的配合。职能体系的建立与测评中心息息相关，若职能体系已创建完成，那么在导入测评中心时可节省许多时间。也可以在导入测评中心的同时开始设置定义目标职位的职能，相比起来，虽然花费较多的时间，但是这些时间是一定会产生效益的。"X博士说。

大家点了点头。

"前两点是从制度上去保证，第三点也非常重要，那就是对人的运用。在许多新制度导入之初，常因为人员对新制度的不了解而抗拒，尤其是具有某些"生杀予夺"大权的测评中心，所以沟通及宣导非常重要。在刚导入测评中心时，人力资源部需要利用许多正式及非正式的机会，向公司同事说明为什么要这样做、这么做对于同事及公司有什么益处。"X博士继续说。

"我想一定是我们这个测评中心落地的项目先给李总过目，然后在CLT上做一次简报，让他们支持这个想法，然后定位成跟我们整个的管理流程连接的一个项目，大家就不会觉得很突兀或者惊讶为什么要做了。"麦可可补充道。

"那么，公司内部测评中心成功的关键因素是什么？"Simon问。

X博士说："测评中心的成功，关键因素有三个：支持性的组织文化、严谨的流程设计、使所有参与者都受益。第一是组织文化。组织文化是决定成功与否的关键，其中包含了高级主管的态度、对新事物（制度）的接受程度、对人力资源单位的授权程度等。

"第二是良好的流程设计。在开始测评中心前，先将机制要点建立，把执行方式及流程、相关文件都创建完成；并反复模拟推演各阶段的流程，以确保执行的流畅。

"第三是使所有参与者都受益。无论是制度还是流程设计，我们都认为所有参与测评中心的人员，包含受测者及测评师，都可以学习到管理的技巧。虽然受测者是主角，但是测评师也能学习到如何观察行为，什么是适当的行为表现，对于他未来有机会接受测评时，有很大的帮助。因此，所有参与者通过测评中心都能受益，自然大家参与意愿高。基于'使所有参与者都受益'的理念，这不仅是完成一项工作，更有助于测评中心各阶段工作的推动及执行。"

下面是测评中心四步落地计划（见图6-1）。

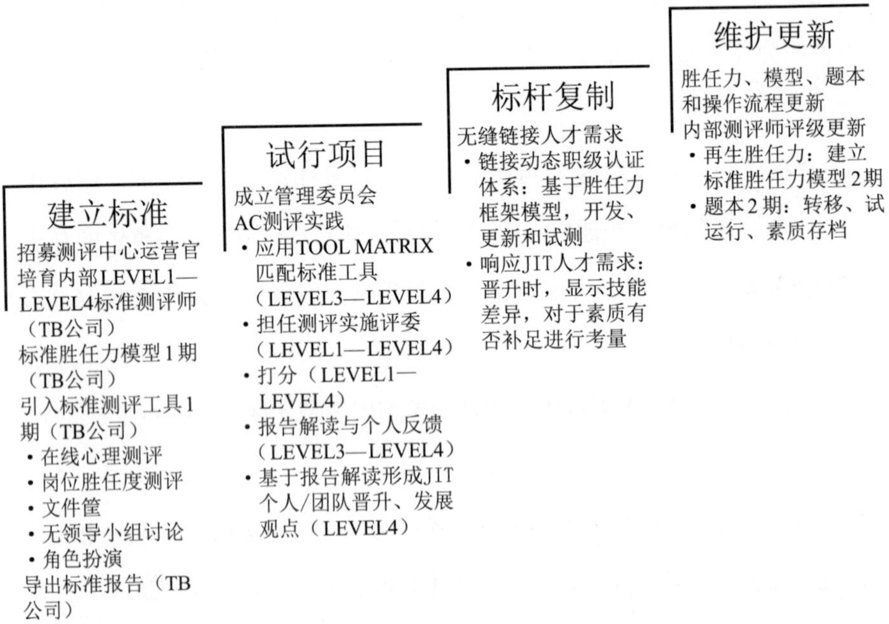

建立标准
- 招募测评中心运营官
- 培育内部LEVEL1—LEVEL4标准测评师（TB公司）
- 标准胜任力模型1期（TB公司）
- 引入标准测评工具1期（TB公司）
  - 在线心理测评
  - 岗位胜任度测评
  - 文件筐
  - 无领导小组讨论
  - 角色扮演
- 导出标准报告（TB公司）

试行项目
- 成立管理委员会
- AC测评实践
  - 应用TOOL MATRIX匹配标准工具（LEVEL3—LEVEL4）
  - 担任测评实施评委（LEVEL1—LEVEL4）
  - 打分（LEVEL1—LEVEL4）
  - 报告解读与个人反馈（LEVEL3—LEVEL4）
  - 基于报告解读形成JIT个人/团队晋升、发展观点（LEVEL4）

标杆复制
无缝链接人才需求
- 链接动态职级认证体系：基于胜任力框架模型，开发、更新和试测
- 响应JIT人才需求：晋升时，显示技能差异，对于素质有否补足进行考量

维护更新
胜任力、模型、题本和操作流程更新
内部测评师评级更新
- 再生胜任力：建立标准胜任力模型2期
- 题本2期：转移、试运行、素质存档

图6-1　企业内部测评中心落地四步骤

第一阶段，建立标准

麦可可问："建立标准阶段大概要持续多久？YM集团要投入多少人

力物力？"

李睿："YM集团人力资源部的同事会和TB公司顾问一起做前期准备工作，大概需要两个月的时间。当然，不需要HR全员的全部时间去做。"

麦可可："那测评师的入选标准是什么，我们需要从外面招聘，还是内部发展？"

李睿说："测评师入选要考虑的因素有很多，包括测评师与受测者的职级匹配、测评师的资历、需掌握的知识技能等。我们会邀请比受测者高两个层级团队的人担任评委。在这个层级，我们会选择本来就比较会带团队、观察能力也比较好、有较多面试别人经验的人。在测评中心正式开始之前，我们的顾问会给他们一些预先演练，大概讲一下接下来要怎么做，要观察哪些部分、哪些行为。"

"那我们要如何选择、培训和认证测评师？总不能都用人力资源部的人吧！"麦可可问。

"不仅是评委，内部测评中心的搭建需要全公司上上下下以及外部顾问的支持。具体的分工表你来看看（见表6-1）。"

表6-1 测评中心人员安排表

在测评中心中担任角色	内容	现任职位
管理者	负责测评活动流程的规划及执行；举办测评师的教育训练；在各项模拟演练的过程中，观察并记录受评者的行为；向受评者及其主管进行测评结果的回馈	HR（主管级）
候选人	参加测评前的说明会；接受各种模拟演练的测评；依据回馈内容，持续训练自己的不足之处	工作绩效优异的员工

（续表）

在测评中心中担任角色	内容	现任职位
测评师（含角色扮演）	参加测评前的测评师训练；在各项模拟演练的过程中，观察并记录受评者的行为；与其他测评师讨论，并撰写测评报告	具有许多选才经验，并且较会指导及观察员工之主管
工作中的教练	与受评者参与测评结果的回馈；了解受评者不足之处，在日常工作中给予适当的指导及磨练学习的机会，以提升受评者的能力；与受评者共同制订其个人发展计划（ID）	

"明白了，那测评师等级认证怎么做？"

"测评师等级选择要参考两方面：一方面是参考他的总体工作经验、YM集团任职经验、目前职位级别等，一定的工作经验和对受测者目标岗位工作的熟悉程度是做好评委的基础；另一方面要考虑的就是测评师要掌握的知识和技能，知识和技能方面，不同的层级有不同的要求。我们会分阶段、分步骤进行相应等级的培训（见表6-2）。"

表6-2 测评师评级安排表

候选人	测评师等级	测评方法、工具	测评师资历要求	需掌握的知识、技能
高层管理者	LEVEL4	心理（性格、驱动力、价值观）测评、管理风格测评、测评中心	人力资源从业经验5年及以上，或团队管理经验5年及以上，或专业序列任职经验6年及以上；YM集团内部任职经验：3年及以上；目前职位：高层管理者	素质模型理论，模型指标、含义、等级关键点理解，测评中心基本原理，结构化面试提问技能、评价技能，文件筐测验实施技能、评价技能，角色扮演实施技能、评价技能，报告撰写技能、反馈技能

（续表）

候选人	测评师等级	测评方法、工具	测评师资历要求	需掌握的知识、技能
中层管理者	LEVEL3	心理（性格、驱动力、价值观）测评、管理风格测评、测评中心	人力资源从业经验3年及以上或团队管理经验3年及以上或专业序列任职经验4年及以上；YM集团内部任职经验：2年及以上；目前职位：中层管理者	素质模型理论，模型指标、含义、等级关键点理解，测评中心基本原理，结构化面试提问技能、评价技能，文件筐测验实施技能、评价技能，角色扮演实施技能、评价技能，撰写报告技能
基层管理者	LEVEL2	心理（性格、驱动力、价值观）测评、测评中心	人力资源从业经验3年及以上，或团队管理经验3年及以上，或专业序列任职经验4年及以上；YM集团内部任职经验：1年及以上；目前职位：中层管理者	测评中心基本原理，结构化面试提问技能、评价技能，文件筐测验实施技能、评价技能，报告撰写技能
一线员工	LEVEL1	心理（性格、驱动力、价值观）测评	人力资源从业经验1年及以上，或团队管理经验1年及以上，或专业序列任职经验1年及以上；YM集团内部任职经验：1年及以上；目前职位：基层管理者	了解一种（以上）测评软件的操作，掌握经典心理测验的施测及报告解读

麦可可问："其实，我现在就想知道真正实施起来要从哪里开始？"

李睿说："以我们的客户ZJ公司为例，它每年三月就选出该年度可以参加测评的人员，

在名单出来之后，人力资源单位会挑选部分测评指标（职能）来安排教育训练，让受测者可以在尚未参加测评之前，先学习正确的观念，并且可以先实际模拟、体验一下，类似模拟考试的性质。模拟考试训练重点

是希望受测者可以预先学习这样的能力。

麦可可说:"测评前针对性培训,这真是全新的观念。听你说之前我一直觉得要保密,不能泄露这个、不能泄露那个,以免影响公平。现在我明白了,为测而测不是目的,真正了解并可以应用到工作中,才是测评中心最大的目的。"

李睿点了一下头,说:"对,企业内部操作测评中心,测评前的培训很多就是安排个说明会,向受测者说明整个活动的流程、测评的目标,以便当天活动的顺利进行,降低受测者因不了解而产生的不安。其实,我们可以做更多,假设评价是在5月,我们3月知道受测者名单,4月就会办一个微型模拟舱,类似模拟考试,让受测者去体验他5月需要考的各项指标是什么样的考法。我们可以全程录像。受测者可以看到自己的表现,真切感受到差距在哪儿。"

麦可可问:"是不是这样就达到了测评中心和发展中心的联动?"

李睿:"对,微型模拟舱以及后续测评中心测评的过程,是树立企业内部标杆的绝佳时机。通过测评中心,收集管理者的优秀事例,整理成公司胜任素质典范行为,在公司内部作大力宣传。此外,对通过能力和业绩双重评估的人员进行公开表彰,以提升测评中心的权威性,促进企业标杆的价值。"

"这个阶段会出很多工具。可是当了测评师之后,会不会给中高层管理者带来很多不便和额外的工作量?"麦可可问。

"流程的一开始肯定是做加法,要建立健全硬件设备和每个工作步骤的流程。把所有和测评中心搭建相关的硬件设备、工具、表格都引进,用起来。一年之后就可以做减法。测评中心管理者需要在不影响测评成果质量的前提下,简化工具。与此同时,那些不好用的工具,或者是冗余的步骤,在这一年里也会被项目实践者抛弃。另外,我们也要相信对于工具和流程的设计目的最终是发展人——让所有参与者都受益。所以,抱着会让大家都受益,而不是带来不便的心态来开展工作对我们更有益。"李睿说。

表6-3是YM集团测评中心项目第一阶段与TB公司的分工明细表。

表6-3 企业测评中心第一阶段分工明细表

步骤	内容	YM集团	TB公司
1	测评场地的设计、设备采购、安装、调试	找设备装修供应商,审批采购流程	提供设计师和设计方案
2	招募测评中心运营官,把高管团队、销售总监、客户总监等培育成内部标准测评师	审核人选;组织人员;参与培训	提供人选
3	引入标准胜任力模型1期 引入标准测评工具1期	审核题本	梳理模型、编题
4	实施测评并分析标准报告(TB公司)	报告解读	解读咨询

落地标志:题本1期转移、试运行、8项素质存档,再次晋升时,显示技能差异,对于素质有否补足进行考量。依据实体测评中心标准施工图纸和设备工具配备建立实体测评中心,配备合格的中心管理负责人。

第二阶段,试行项目

"内部操作的测评中心,如何保证公平?"麦可可问。

"我们会建议企业尽量避开,就是说评委要评价的受测者不是他自己部门的。这部分是后端设计的问题。人是来自所有的部门,测评师也是来自所有部门,可以通过分组回避。我们会建议企业通过随机分组把一些个人偏见降低。"李睿答。

麦可可又问："测评中心在试运行阶段主要可以在哪几方面应用？"

李睿回答："内部晋升、选拔、储备、培训发展及外部招聘等方面都会用到，其运作流程也有差异，最大的差异是有些特定的工具不适合用在招聘，而比较适合用在发展，比如LSI和其他多源评估工具（管理灯塔）等。"

麦可可说："那试运行结束后，TB公司还会给予我们哪些方面的支持和帮助呢？"

李睿说："我们会提供高级顾问技术支持，总结在试运行阶段暴露出的问题，同时会帮助企业规划和调整在人才管理不同阶段的运用方式。"

麦可可笑道："这个阶段真的很关键。"

李睿："是的，这个阶段要想做好，YM集团人力资源部可能会比较辛苦一点。要建立严格的测评师准入和退出机制。参加测评师认证课程，进行实地现场演练，一定要掌握所有模块。等级认证由两三位测评专家进行认证，最后颁发内部测评专家证书。"

麦可可这时说："那么复杂啊！对了，那个管理委员会是干什么的？"

李睿说："委员会成员分别是CEO、各业务负责人、HR职能负责人、子公司HR负责人和业务负责人。一方面监督测评师兑现承诺，在企业内部，每名测评师每年参加测评项目不能少于15次；另一方面提出JIT的测评需求，和测评师形成良性互动。"

麦可可急了："对不起，我想问一下，管理委员会和测评师的具体关系是什么？"

李睿说："管理委员会是企业人事决策的大脑，负责提出基于战略的测评需求，同时对于测评项目中测评师有争议的重要受测者，给予及时、最终的明确反馈意见。"

麦可可问:"试运行阶段有哪些特别需要关注的问题?"

李睿说:"最常见的是测评中暴露评价不准确,流程操作需要调整,测评师的评价结果如何统计和分析等,这些问题也是第三方公司初次做测评项目的顾问会遇到的,我们会根据实际情况进行定期辅导。"

表 6-4 是 YM 集团测评中心项目第二阶段与 TB 公司的分工明细表。

表6-4　企业测评中心第二阶段分工明细表

步骤	内　　容	YM 集团	TB 公司
1	成立管理委员会	人力资源部组织相关人员成立	协助提供支持
2	应用 TOOL MATRIX,根据企业、部门随时出现的 JIT 测评需求,匹配标准工具	组织 LEVEL 3- LEVEL 4 测评师学习应用	应用辅导
3	内部标准测评师 LEVEL 1-LEVEL 4 分级认证,担任测评实施评委,现场打分,撰写报告	组织 LEVEL 1- LEVEL 4 测评师参与测评项目(LEVEL 2- 以上不少于 15 场 / 人 / 年)	协助测评师评级认证把关;测评辅导
4	报告解读与反馈	报告解读	解读咨询
5	基于报告解读形成 JIT 个人 / 团队晋升、发展观点	发动 LEVEL 4 测评师实施个人 / 团队报告反馈	反馈咨询

落地标志:试运行测评中心项目,子公司送到总部测评中心测评,LEVEL1—LEVEL4 测评师队伍形成,能够运用测评工具独立完成人员面试评价。

第三阶段,标杆复制

"这个阶段我想知道其他公司在常规项目做起来之后,是怎么选定受测者范围的。除了常规的招聘测评之外，测评中心测评，一年大概要搞多少人次呢？"

"还是以我们的标杆客户为例。他们的内部测评中心每年办一次，每年都一定办。"李睿说。

"每个层级都办？"麦可可问。

"对。"李睿答。

"那人数呢？"麦可可在笔记本上画了一个问号。

"人数的话，从最基层提升为高级专员的那层是 25 ~ 30 位。"

"那么多？他们公司现在有多少人？"麦可可问。

"他们现在应该是 500 多人吧。那第二个层级从高级专员升为主管，是 30 ~ 35 人。因为这家公司现在都是找硕士生进来，硕士进来都是这个层级，他们时间一到就差不多要升主管了，所以反而更多。从基层升为中高层的话在 5 个以内，所以这家 500 人的企业一年大概是 60 人次的测评。"

麦可可问："我想知道我们的测评中心和国际上领先企业的测评中心之间的差距体现在哪些方面？如何进行快速学习和复制？"

李睿回答："主要体现在人才评价数据的积累和动态分析、符合资质的测评师、专业化的测评师团队三个方面。通过走访和学习，尤其是借助 TB 公司的 HR 高阶沙龙专题活动，能够相互学习和借鉴，此外，TB 公司会开专题研讨会，重点介绍国际上领先测评中心的运作方式。"

表 6-5 是 YM 集团测评中心项目第三阶段与 TB 公司的分工明细表。

落地标志：总部测评中心操作成熟，在各地子公司建立起两个以上的二级（简化版）测评中心；内部测评师评级更新，无缝链接人才需求；用测评中心检验培训效果，边际成本递减，测评中心成为最好的培训需求分析方法。

表6-5　企业测评中心第三阶段分工明细表

步骤	内　　容	YM集团	TB公司
1	在各地子公司建立起两个以上的二级（简化版）测评中心	技能转移	协助提供支持
2	链接职级认证体系：基于胜任力框架模型，进行测评中心项目的开发、更新和试测	人力资源部和测评师	应用辅导
3	响应JIT人才需求：晋升时候，显示技能差异，对于素质是否补足进行考量	系统关联，发挥协同效应	需要时提供支持

第四阶段，维护更新

"在这个阶段，如何判断我们的测评中心建好了？"麦可可问。

"依据美国测评中心准则工作小组（Task force on Assessment Centers Guidelines）制定的《测评中心作业准则与伦理考虑》（Guidelines and Ethical Considerations for Assessment Center Operations），提供测评中心的使用者标准，其中提出了测评中心运作应具备的八项根本要素，即工作分析、行为分类、测评技术、模拟演练、测评师、测评师训练、行为记录、资料集成，这八项都是测评中心运作中不可或缺的。"李睿答。

"一般测评中心多久维护一次？和机器的维护是一个概念吗？主要维护哪些方面的内容？"麦可可问。

"测评中心作为一个机构的维护，和机器的维护有相似之处，相似点在于对于测评中心设备和工具的维护。维护频率最高的主要是初期阶段，一般建议每两年对测评中心的工具、题本进行更新和修订，同时每年对测评师进行复核认证。"

"我们的素质模型一般能用几年？修订素质模型的依据是什么？"

李睿说："素质模型一般能够用 3～5 年,修订的依据是企业战略调整、职能序列的调整等方面的因素。"

"我们内部的专业团队如何保证自身的能力能够很好地驾驭测评中心呢？"麦可可问道。

李睿："TB 公司提供长期的跟踪服务，并根据企业测评中心发展的不同阶段，提供指导和培训。这个阶段的关键是系统联动。对 YM 集团来说，对 TB 公司的依赖已基本转变为互助合作。测评中心和企业的职级认证体系相关联，同时响应企业动态短期的人才需求。"

"什么是更新的胜任力？"

"组织时刻在变。决定组织成员持续产生高绩效的胜任力，也在悄然演化。这种通过演化，比如外部招聘到的核心高管人才可能带给 YM 集团的，以前不具有却可能对未来很重要的胜任力，叫作'更新胜任力'。这些'更新胜任力'是保证组织活力、抵御未来风险至关重要的维他命。"

"所以，要定期盘点更新的胜任力，定期看看我们有哪些胜任力是需要丢掉的，哪些是需要坚持的，哪些是需要引进和添加到我们胜任力模型中作为人才测评标准的，是这样的吗？"麦可可问。

"非常正确！"李睿答。

麦可可说："好的，那我理解了，这个阶段是系统联动。对 YM 集团来说，和 TB 公司的关系已基本从依赖转变为互助合作。测评中心和企业的职级认证体系相关联，同时响应企业动态短期的人才需求。"

"是的，在人员选出来之后，便运用测评中心的机制，评估人员是否具有管理的潜能。人员的测评结果若是适合往管理职位发展，会被放入公司对应的人才池中。未来有晋升机会时，会先将人才池中的人选进行配对，选拔适当的人员晋升。测评中心结果提供给受测者及其主管，以结合员工个人的发展计划，作为员工职业生涯规划的参考。图6-2清晰地展现了测评中心与员工个人发展的联动关系。"李睿说。

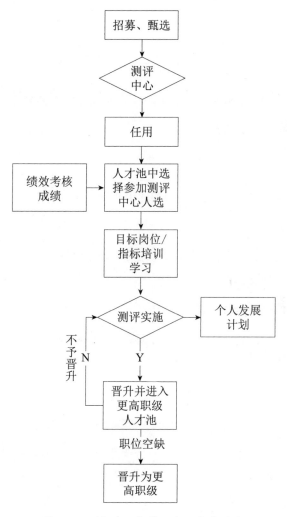

图6-2 测评中心与员工个人发展联动

表 6-6 是 YM 集团测评中心项目第四阶段与 TB 公司的分工明细表。

表 6-6　企业测评中心第四阶段分工明细表

步骤	内　　容	YM 集团	TB 公司
1	更新的胜任力：建立标准胜任力模型 2 期	技能转移	梳理胜任力模型，交付新指标
2	题本 2 期：更新转移、试行、存档	人力资源部和测评师操作	编写 2 期题本，交付

落地标志：内部测评师评级更新，企业人才中心系统平台建议落地、基于测评的人才画像动态更新。

测评 × 档案之十四：某汽车公司测评中心负责人招聘需求

一、工作目标

1．监督控制测评中心，以确保迅速高效地招聘到合适的加盟店经销商人才。

2．评估和管理测评中心的战略管理，以满足加盟店人才选拔的需求。

3．测评中心相关预算和消费控制。

二、职责设计

1．测评中心战略规划。

● 形成测评中心战略。

● 评估并计划测评中心相关项目预算、项目计划、工具、设备需求和人力资源需求。

● 对测评中心关键绩效行为和结果进行日常监督控制并形成报告。

2. 测评中心操作流程管理。

- 作需求分析，基于公司胜任力框架模型，对测评中心工具进行开发、更新和试测，以达到认证水平。
- 基于测评中心工具的更新，定期培训所有的内部测评师，以确保高质量的测评师队伍。
- 现场观察每个测评中心操作实施，撰写观察反馈报告，鉴别评定内部、外部测评师的真实水准。
- 与核心部门一起制定测评中心战略、定义特殊的胜任力需求，确保测评中心操作和公司全局的商业计划保持同步。
- 发起和组织测评中心督导委员会，实现即时的操作行为：向督导委员会即时反馈特殊情况。

第三节　落地成功，两年后再回首

YM集团测评中心落地成功，我们来假想一下两年后，麦可可、丁伟、Simon会是什么样的状态。

两年后，麦可可

打开电脑，查看人员晋升情况。麦可可想起两年前，第一次试运行系统时的情形。过去"项目式"，一切新建的文档，新养成的习惯，那种颇为焦虑的"不可控感"没有了，取而代之的是沉浸感。系统的存在，系统中工具的加载，无形中屏蔽了事务性琐事带来的难度、失误的风险。进阶式培训提升了麦可可在测评领域的见识、理论功底和技能水平，即便是如同"高管竞聘"这样高难度的，以往只能求助于第三方公司的工作，她也能够独立操盘、从容不迫、不再焦虑，工作中体现出高度的专注感。

她记得刚刚担任组织发展经理时，自己提出的"人人都是讲师"的口号。那是一种理想的"我知——你知"的知识哺育状态。麦可可所期待的培训效果，不仅要求哺育的一方真正有料，而且被哺育的一方真正饥饿。担任招聘经理后的麦可可，对后者深有感悟。回想起第一次身为讲师组织大规模培训项目的时候，超过1/3学员出现走神、抗拒、不耐烦，感觉学员和自己都开始变得面目可憎。当初站在讲台上的那种惊心动魄的、度日如年的尴尬，让她对于"不饿的时候喂学员东西吃"的风险和挫败深有体会。尽管培训发展一直没有适合的ROI计算方法，但是她深知这场培训的效果非常低。于是，她似乎也理解了那些同行把培训经费用于旅游的做法。

麦可可坐在有落地窗的单人办公室，俯瞰繁华的CBD区。烫金的门牌上有她的中英文名字以及TITLE（头衔）——人力资源总监。她的身后是一排书架，书架上满满堆着各种奖项："WSTD大中华区最佳组织学习发展奖""MZ协会最富公民意识奖"等。而她最引以为豪的是"世界测评中心组织人才快速应变最佳实践奖"。那是世界测评中心协会第一次把这个组织学习发展领域的最高奖颁发给一家发展中的中国本土企业，也是它第一次邀请中国本土企业参与年度盛会。麦可可和世界500强的人力资源总监、经理，以及世界上对于人才测评最有观点的学术组织济济一堂，一起探讨人才战略发展测评的最佳实践、新方法和思路。她还见到了耄耋之年的桑顿三世。

现在，她可以用少于 3 次的鼠标单击，不超过 10 秒钟的时间，就能看到企业公示的任何人的技能发展现状以及相关数据。在任何关键的会议上，部门人员紧急的需求电话打来时，她都可以迅速从容地给出有新数据的、基于组织战略全盘考量的人事决策建议。

她发现自己的工作已经度过了焦虑—亢奋—沮丧—焦虑的瓶颈期，走上了平稳发展的时期。其实也不能说是平稳的，因为工作和生活中的挑战还是一个接一个的到来，她仍然会有在狭窄的竹节中摸黑前进的感觉，只是她已经懂得运用工具和技术应对那些挑战，允许自己像竹节一样专注地生长。

两年后，营销总监丁伟

丁伟意外地发现自己的销售队伍空前稳定。他所在的大区占尽天时地利，原本成绩都不错，现在更是持续保持第一的业绩和低于 10% 的人员流失率。每天和一群熟悉的人以及一群新增的年轻面孔一起工作，他开始觉得老板口中的"百年基业"不是空谈，而是正在发生的现实。

两年来，由于在自身销售和人才测评领域的实践（最开始半年是因麦可可逼迫参加 10 场测评中心的评委），他丰富的销售心得和扎实的测评实践，使得自己在圈内颇有名气，隔三差五就被杂志约稿、论坛约去讲"销售人才的战略管理"类似主题的讲座。前两天，他颇为欣慰地度过了自己 40 岁的生日。

因此，他有了一些颇为意外的经历和惊喜，因为他发现自己开始被很多人奉为"伯乐"，成为一个年龄越大、越宝贝、越被需要的人。

两年后，人力资源总监 Simon

　　Simon 升为 YM 集团副总裁。作为一个"海龟"，他活下来了。他比以前更忙，有时通宵开会。他似乎不再是那个时时处处要求完美的 Simon。高管开会时，Simon 仿佛有置身于当年 MBA 案例讨论课堂的错觉，只是从全部"红色"风格的各自为政的战场，变成指向竞争对手的"蓝色"沙盘。他讲话仍不时用英文单词，不过当有新认识的人别别扭扭地喊他的名字 Simon 时，他嘴巴一咧，迅速切换成火热的东北小品腔——叫我春喜。

小结　企业内部搭建测评中心需注意什么？

　　●关键成功要素。首先是组织文化，组织文化是决定成功与否的关键；其次是良好的流程设计；再次是要使所有参与者都受益。

　　●企业内部测评中心搭建四阶段。第一阶段，建立标准；第二阶段，试行项目；第三阶段，标杆复制；第四阶段，维护更新。

　　●企业内部测评中心搭建关键行动指南。一是流程或制度的设计；二是职能体系的配合；三是对人的运用。

图目录

2019年YM集团各部门员工流失率	8
"95后"成长环境分析图	14
YM集团浦口厂价值观测评工具开发项目计划	20
浦口厂一线技工离职模型	22
浦口厂价值观三大因素九个维度	22
对浦口厂工作产生沉浸感的员工必须具备的四种特质	25
浦口厂一线技工震撼事件类型图	28
浦口厂一线技工离职模型及解决方案	30
浦口厂价值观因素差异程度	32
某高科技制造企业按行业常模与企业常模的测评结果对比图	35
浦口厂一线技工价值观测评系统	36
Simon和赵厂长的测评结果对比图	37
YM集团招聘情况分析图	44
YM集团2020年校园招聘流程调整图	49

指标组内排序图	55
劣汰、择优漏斗应用举例	57
价值观测评结果样例	58
岗位学习路径图	75
他人对你的评价	81
发展四矩阵：优势、劣势、盲点、宝藏	82
全方位的反馈评价	82
扩大优势示意图	83
反馈改进的情绪路径	84
反馈过程图	89
Delta Talents 领导力模型	115
战略—领导力推导模型图	117
高管的五大商业关系网络所蕴含的典型冲突	122
月度人员招聘量	167
人员招聘进展	168
IPO 模型简图	182
"可持续高绩效"人才评估模型	188
四类测评技术	190
PSA 测评技术与其他技术比较	193
PSA 技术应用七步法	195
人员招聘的三重漏斗	199
基于关键绩效领域识别典型情境和挑战	205
企业内部测评中心落地四步骤	224
测评中心与员工个人发展联动	235

表目录

2019年浦口厂一线技工离职访谈记录表（部分）	10
2019年浦口厂一线技工离职访谈原因归纳表	19
YM集团浦口厂企业环境九大维度诊断表	23
霍兰德职业兴趣类型表	26
浦口厂价值观因素诊断表	30
浦口厂价值观因素改善措施	32
企业常用的两种常模	35
YM集团2019年招聘筛选比例表	46
YM集团校园招聘测评产品定制化开发计划表	51
YM集团校园招聘测评模块	51
访谈法流程样例	52
指标分组情况	55
参与建模人员各项指标分析	56

表名	页码
校招测评指标	59
校招测评面试建议样例	60
反馈目的及背景介绍表	88
破冰释怀情况表	89
反馈需注意事项表	89
管理灯塔八大维度与144项"知行合一"	93
岗位成长阶段与培养时长	99
岗位成长阶段的不同关注点	99
领导力考核指标及行为释义	119
商业活动与领导力测评间的关系表	123
经理人模拟舱一天流程	124
已经接收的邮件	130
受测者分析表	155
YM集团"飞龙计划"渠道经理甄选标准	166
招聘常用数据表	184
招聘计划盘点分析	185
招聘过程管理指标分析	185
销售步骤与内容	205
渠道经理的考核指标和甄选标准	206
细化后的YM集团"飞龙计划"渠道经理甄选标准	208
招聘决策机制	209
测评中心人员安排表	225
测评师评级安排表	226
企业测评中心第一阶段分工明细表	229
企业测评中心第二阶段二分工明细表	231
企业测评中心第三阶段分工明细表	233
企业测评中心第四阶段分工明细表	236

人才测评的十四个 X 档案目录

测评 × 档案之一:"95 后"的职业价值诉求　　　　　　　　　　13

测评 × 档案之二:什么是迫选测验?　　　　　　　　　　　　17

测评 × 档案之三:YM 集团浦口厂价值观测评工具开发访谈提纲　20

测评 × 档案之四:YM 集团浦口厂企业环境九大维度诊断　　　23

测评 × 档案之五:根据霍兰德职业兴趣量表开发工作沉浸感量表　26

测评 × 档案之六:浦口厂一线技工震撼事件类型总结　　　　　28

测评 × 档案之七:为什么需要内部常模?　　　　　　　　　　34

测评 × 档案之八:能力卡片法　　　　　　　　　　　　　　　54

测评 × 档案之九:360 度反馈评估是什么?　　　　　　　　　65

测评 × 档案之十:评估结果反馈技术　　　　　　　　　　　　88

测评 × 档案之十一:自陈式的题目形式　　　　　　　　　　　179

测评 × 档案之十二:招聘过程的常用分析数据说明　　　　　　184

测评 × 档案之十三:什么是信效度?　　　　　　　　　　　　196

测评 × 档案之十四:某汽车公司测评中心负责人招聘需求　　　236

参考文献

［1］孙健.360度绩效考评[M].北京：企业管理出版社，2003.

［2］米哈里·契克森米哈赖.生命的心流[M].陈秀娟译.北京：中信出版社，2009.

［3］理查德·莱普辛格，安托内特·路希亚.360°反馈的艺术和科学[M].逸文译.北京：中国财政经济出版社，2005.

［4］詹姆斯·马奇.马奇论管理[M].丁丹译.北京：东方出版社，2010.

[5] Lee, Mitchell.An alternative approach : The unfolding model of voluntary employee turnover[J].Acdemy of management review，1994，Vol.19 N.1 : 51-89.

[6] Lafferty, C. J. Life Styles Inventory LSI 1 Self-Development Guide[J]. Plymouth, Human Synergistics，1989 : 7-64.

[7] Filip Lievens. Situational judgment tests : a review of recent research[J].Personnel Review，2008，Vol.37 No.4 : 426-441.